Wunibald Müller
Ich wünsch dir einen Seelenfreund

Wunibald Müller

Ich wünsch dir einen Seelenfreund

Über Beziehungen, die tragen

Kösel

Verlagsgruppe Random House FSC-DEU-0100
Das für dieses Buch verwendete FSC-zertifizierte Papier
Munken Premium liefert Arctic Paper Munkedals AB, Schweden.

Copyright © 2009 Kösel-Verlag, München,
in der Verlagsgruppe Random House GmbH
Druck und Bindung: GGP Media GmbH, Pößneck
Umschlag: Elisabeth Petersen, München
Umschlagmotiv: Noel Hendrickson, Photographers choice/gettyimages
Printed in Germany
ISBN 978-3-466-36846-4

Weitere Informationen zu diesem Buch und unserem gesamten lieferbaren
Programm finden Sie unter
www.koesel.de

Ein treuer Freund ist wie ein festes Zelt,
wer einen solchen findet,
hat einen Schatz gefunden.
Für einen treuen Freund gibt es keinen Preis,
nichts wiegt seinen Wert auf.
Das Leben ist geborgen bei einem treuen Freund,
ihn findet, wer Gott fürchtet.
Wer den Herrn fürchtet, hält rechte Freundschaft,
wie er selbst, so ist auch sein Freund.

Jesus Sirach 6,14–17

Wenn einer in den Himmel hinaufstiege und die Natur der Welt und die Schönheit der Gestirne erschaute, so wäre doch der wundersame Anblick ohne Reiz für ihn; er wäre ihm aber höchst erfreulich, wenn er nur einen hätte, dem er davon erzählen könnte. So liebt die Natur nichts Einsames und lehnt sich stets an irgendetwas wie an eine Stütze an; und diese in einem innig befreundeten Herzen zu finden ist immer am angenehmsten.

Cicero, Über die Freundschaft

Für Ilse

Inhalt

Vorwort

Ich wünsch dir einen Seelenfreund

O vortreffliche Weisheit! Fürwahr, die Sonne scheinen mir
aus der Welt zu nehmen, die die Freundschaft aus dem Leben nehmen; nichts Besseres als sie haben wir aus der Hand
der ewigen Götter, nichts Angenehmeres.

Cicero, Über die Freundschaft

Jeder sehnt sich im Tiefsten nach einem Seelenfreund, einer
Seelenfreundin. Nach einem Menschen, der mich sieht, der
mich versteht, der mir innerlich ganz nahe ist. Hast du keinen Seelenfreund, fehlt dir etwas. Hast du einen Seelenfreund, kannst du dich glücklich preisen. Eine tiefe Sehnsucht deines Herzens wird erfüllt. Dein Leben wird dadurch
ungemein bereichert. Es gibt dann in deinem Leben einen
Menschen, der dir so innig ist, wie allein deine Seele dir
innig sein kann. In ihm hast du einen Freund deiner Seele,
der wie ein Schutzengel mit dir durchs Leben geht.

In deiner Partnerin oder deinem Freund kannst du
einen Seelenfreund haben. Doch eine Seelenfreundschaft
lässt sich nicht auf gängige Beziehungsformen wie Ehe,
Partnerschaft, Freundschaft festlegen. Sie kann dort vor-
handen sein, muss es aber nicht. Manchmal wird eine Seelenfreundschaft außerhalb geregelter Beziehungen gepflegt. Sie kann privat, aber auch im Rahmen einer

professionellen Beziehung praktiziert werden. Sie kann mit einer sexuellen Partnerschaft einhergehen oder rein geistiger Natur sein. Sie kann ein Leben lang andauern oder in besonderen Begegnungen für kurze Augenblicke erfahren werden.

Der Seelenfreund oder die Seelenfreundin, von der ich erzählen möchte, wird dir in der »reinen« Form selten begegnen. Vieles von dem, was ich als Kennzeichen der Seelenfreundin beschreibe, wirst du mal mehr, mal weniger bei deinem Mitarbeiter, deinem Ehepartner, deiner Seelsorgerin, deinem Psychotherapeuten, deiner Krankengymnastin entdecken. Was nicht ausschließt, dass es da auch einen Menschen in deinem Leben gibt, der all diese Eigenschaften verkörpert, die den Seelenfreund ausmachen und du das Privileg hast, einen solchen Seelenfreund zum Gefährten zu haben.

Ich wünsche dir, meiner Leserin und meinem Leser, dass dir in deinem Leben Seelenfreunde begegnen und du selbst immer wieder ein Seelenfreund oder eine Seelenfreundin für andere Menschen sein kannst. Mein Buch will dich dazu ermutigen und dafür inspirieren. Ich will dich sensibel dafür machen, Seelenfreunde und Seelenfreundinnen in deinem privaten Umfeld zu entdecken und dich darin bestärken, im professionellen Bereich nach Seelenfreunden Ausschau zu halten.

Bist du selbst in einem helfenden Beruf als Psychotherapeut, Seelsorgerin, Priester, geistliche Begleiterin, Ärztin, Krankenschwester, Sozialarbeiter, Heilpraktikerin oder Masseur und so weiter tätig, sollen meine Anregungen dich motivieren, für dich herauszufinden, wo du zum Seelenfreund oder zur Seelenfreundin für die Menschen, die zu dir kommen, werden kannst.

Im ersten Teil des Buches möchte ich deinen Blick öffnen für die Vielfalt an Seelenfreundschaften. Im zweiten Teil stelle ich dann den Seelenfreund vor, der auch wieder auf vielfältige Weise, jetzt aber vor allem als Begleiter in deinem Leben, eine herausragende und einzigartige Bedeutung einnehmen sollte oder könnte. Schließlich benenne ich im dritten Teil einige Situationen und Phasen deines Lebens, in denen ein Seelenfreund besonders wichtig und hilfreich für dich sein kann.

Ich selbst will mit diesem Buch für dich so etwas wie ein Seelenfreund sein. Daher erlaube ich mir auch, dich mit »du« anzusprechen, auch, weil ich davon überzeugt bin, dass deine Seele lieber mit »du« angesprochen werden will. Deine Seele möchte ich erreichen. Ich schreibe so, als würde ich dir einen langen Brief über die Seelenfreundschaft schreiben. Ich hoffe, mich so auszudrücken, dass es mir da und dort gelingt, deine Seele zu erreichen und zu berühren.

Ich widme dieses Buch allen meinen Seelenfreunden und Seelenfreundinnen und denen, für die ich zum Seelenfreund werden durfte. Winfried Nonhoff vom Kösel-Verlag danke ich für die Begeisterung und Unterstützung, mit der er mein Projekt begleitete. Melanie Bradtka vom Kösel-Verlag, die das Buch betreute, danke ich für die angenehme Zusammenarbeit.

Wunibald Müller

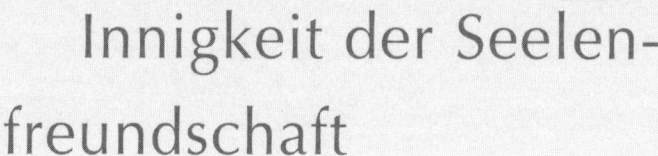

Teil I

Von der
Vielfalt und
Innigkeit der Seelen-
freundschaft

Es ist nämlich Freundschaft nichts anderes als Übereinstim-
mung in allen göttlichen und menschlichen Dingen, verbunden mit Wohlwollen und Liebe; im Vergleich zu ihr ist jedenfalls, die Weisheit ausgenommen, dem Menschen nichts
Besseres von den unsterblichen Göttern gegeben worden.

Cicero, Über die Freundschaft

Seelenfreundschaften 1

Eure Seelen berühren sich, werden zu einer Seele

Ein Seelenfreund ist der Mensch, bei dem du das Gefühl hast, ganz verstanden zu werden. Ihm kannst du einfach vertrauen. Er weiß um dich, ohne dass du ihm viel von dir erzählen musst. Mit ihm verbindet dich eine Seelenverwandtschaft.

Einen Seelenfreund zu haben ist ein Privileg. Du hast damit einen Seelenbruder oder eine Seelenschwester, der oder die für dich wie ein zweites Ich ist, das für dich zum Du wird. Du spürst in der Begegnung mit ihnen eine innere Verwandtschaft, eine Seelenverwandtschaft. Ein tiefes, inneres Vernehmen sagt dir: »Mit dieser Person verbindet mich etwas Tiefes und Wesentliches.« Es sind eure Seelen selbst, die sich gegenseitig berühren und zu einer Seele werden: »Zwei Freunde, eine Seele«.

Seelenfreunde können, müssen aber nicht, aufregende Menschen sein. Oft sind sie es eher nicht. Manchmal wirst du auf der Suche nach einer Seelenfreundin Wege wählen, die sich am Ende als Irrwege erweisen, die nicht zur Erfüllung deiner tiefsten Sehnsucht führen: Die umwerfend gut aussehende Frau, der anscheinend so erfolgreiche und kompetente Mann, der allseits gepriesene spirituelle Meister – erst wenn der Lack abgefallen ist, du die wahre Person, die dahintersteckt, erkannt und erfahren hast, wirst du herausfinden, ob sie deine Seelenfreunde sind, du sie wirklich zu deinen Seelenfreunden erwählen willst.

Seelenfreundschaft ist eine Herzensangelegenheit

Im Seelenfreund findest du einen Menschen, der dich liebt. Tief in sich spürt dein Seelenfreund eine große Zuneigung zu dir. Sie ist der Antrieb, für dich da zu sein. Das ist die erste und wesentliche Voraussetzung für eine Seelenfreundschaft. Seelenfreundschaft ist eine Herzensangelegenheit. Die Liebe, die in deinen Seelenfreundschaften waltet, ist wie ein Haus, das dich vor den Schrecken des Nichts und der Nacht schützt. Sie schenkt dir Geborgenheit, vereinigt eure Seelen unter ihrem Dach. Dabei ist Seelenfreundschaft nicht beeinträchtigt durch Entfernungen. Sie reicht selbst über den Tod hinaus.

Kennzeichen einer Seelenfreundschaft ist Innigkeit. In einer Freundschaft lebst du eine innige Beziehung. Du tauschst dich mit deinem Freund oder deiner Freundin aus. Ihr verbringt gemeinsam Zeit oder unternehmt etwas miteinander. Ihr schaut euch in die Augen, von Du zu Du. Ihr kennt euch von innen her. Ihr tauscht euch aus über eure Hoffnungen und Ängste. Vor allem aber vertraut ihr euch gegenseitig. Es gibt nur wenig, was ihr nicht voneinander wisst.

Durch diese innigen, intimen Erfahrungen entsteht Beziehung. Da gibt es jemanden, zu dem du eine besondere Beziehung hast. Mit dem du auf eine besondere Weise verbunden bist. Ja, *verbunden* bist. Eine Beziehung, die keine Eintagsfliege ist, sondern verbindlich. Auf die Verlass ist. Du darfst mit deinem Seelenfreund rechnen, wenn du ihn brauchst. Zwischen euch ist etwas gewachsen, was tiefer geht. Auf deinen Seelenfreund kannst du bauen. Er ist kein Instant-Freund, der sich zwar freundschaftlich gibt, dich im nächsten Augenblick aber schon wieder vergessen hat. Eure Freundschaft wird von euren Seelen zusammengehalten. Das macht sie einzigartig.

Stimmst du mir zu, dass das ein kostbares Geschenk ist, das wir uns sosehr ersehnen, das aber so oft nur ein Wunsch bleibt? Wie recht doch Cicero hat, wenn er in seinem Essay »Über die Freundschaft« schreibt: »Was aber ist törichter, als wenn man, durch Reichtum, Geld und Macht viel vermögend, sich zwar alles anschafft, was man sich mit Geld erwerben kann, wie Pferde, Diener, prächtige Gewänder, köstliche Gefäße, sich aber keine Freunde erwirbt, des Lebens allerbesten und schönsten Hausrat, wenn ich so sagen darf? Die sich nämlich die anderen Dinge erwerben, wissen nicht, für wen sie es tun und wem zuliebe sie sich mühen. Denn hörig ist ja dieser Güter jedes dem, der durch seine Mittel überlegen ist; Freunde aber bleiben eines jeden beständiges und sicheres Besitztum.«

Der Seelenfreund, der durch dick und dünn mit dir geht

Der Seelenfreund ist der Freund deiner Seele, der zu deinem Innersten und damit zu dir als ganze Person ein freundschaftliches Verhältnis hat. Er begegnet dir wohlwollend, was aber nicht ausschließt, dass er dich auch konfrontiert und herausfordert, wenn er es für notwendig erachtet.

Dein Seelenfreund kennt aber auch Situationen, in denen er sich nicht auf die Sorge um deine Seele beschränkt, sondern sich handfest und konkret um dich kümmert, mit dir ein Stück des Weges geht, dich begleitet.

Es ist die Seelenfreundin, die durch dick und dünn mit dir geht. Dabei auch Beschwerden und Unannehmlichkeiten auf sich nimmt.

Der Schauspieler Peter Simonischek, der seit vielen Jahren den »Jedermann« in Salzburg spielt, beschreibt, was deine Seelenfreundin für dich bedeuten kann. Anlässlich eine Festvortrages der Salzburger Hochschulwochen 2008 sagte er, im »Jedermann« gebe es einen Augenblick der Liebe, der alles verändere: »Im ›Jedermann‹ erlebe ich ihn mit ›Gute Werke‹, der siechen Frau, die am Weg liegt, den der Jedermann, von allen verlassen, auf das Sterben zugeht. Eigentlich will er vorbei, doch sie hört nicht auf, ihn anzurufen:

> Jedermann, ich gehör zu dir,
> Um deinetweillen lieg ich hier.
>
> Und der Jedermann:
> Wie du mich sehnlichst siehest an
> Ist mir, als hätt in meinem Leben
> Nit Freund noch Liebste, nit Weib noch Mann,
> Mir keinen solchen Blick gegeben!

Und weiter:

> Mir ist, je mehr ich dich anseh,
> So mehr wird mir im Herzen weh,
> Und sänftlich auch, vermischter Weis,
> Dass ich mich nit zu nehmen weiß.
> Mir ist, könnt deiner Augen Schein
> Durch meine Augen dringen ein.

In ihren Augen erblickt der Jedermann die Liebe, die er noch nie erlebt hat, der er bisher aus dem Weg gegangen ist. Und dieser Augenblick ist der Anfang seiner Wandlung.«

Ich denke an einen Freund, der mir in der Zeit, als ich in eine tiefe Krise geriet und mein bisheriges Lebenskonzept überprüfen und korrigieren musste, treu zur Seite stand. Bis heute bewahre ich in meiner Lutherbibel eine Notiz auf, mit seinen Anweisungen, wie ich den Tag gestalten soll, und mit seiner Telefonnummer, über die ich ihn jederzeit erreichen konnte.

Ausgewählte und zufällige Seelenfreundschaften

Oft entdecken sich Seelenfreunde. Es gibt den Seelenfreund, den du dir als Seelenfreund ausgesucht hast, den du bewusst als solchen verstehst. Einmal ist es dein bester Freund, ein andermal dein Ehepartner. Manchmal sind sie mehr, dann wieder weniger deine Seelenfreunde. Daneben gibt es die vielen Seelenfreunde und Seelenfreundinnen, die dir über den Weg laufen, mit denen du ins Gespräch kommst und spürst: »Da berührt etwas meine Seele.« So können Seelenfreunde manchmal, Engeln vergleichbar, in wichtigen Phasen deines Lebens plötzlich aufkreuzen. In diesen Augenblicken und Situationen werden sie dir zu Seelenfreunden. Von einer solchen Begegnung berichtet Bertrand Russell (in: Yalom 2005, S. 470), der im Jahr 1937 für ein paar Stunden Joseph Conrad traf:

Bei unserer ersten Begegnung sprachen wir mit ständig zunehmender Intimität. Wir schienen durch eine Schicht nach der anderen dessen zu sinken, was oberflächlich war, bis wir beide schließlich das Feuer im Zentrum erreichten. Es war eine Erfahrung, die anders war als alles, was ich je gekannt hatte. Wir schauten einander in die Augen, halb erschreckt wie leidenschaftliche Liebe und zur gleichen Zeit allumfassend und halb berauscht davon, uns zusammen in solch einer Region wiederzufinden. Das Gefühl war so intensiv und zur gleichen Zeit allumfassend.

Ein Seelenfreund kann direkt neben dir leben, ohne dass dir das zunächst bewusst ist. Du bist vielleicht so sehr mit etwas anderem beschäftigt, dass dir die Sensibilität für seine Anwesenheit verloren geht. Ja, du magst so sehr auf der Suche nach einem Seelenfreund sein, dass du den Seelenfreund, der neben dir lebt, übersiehst. Es kann der Mitarbeiter sein, der am Morgen in deinem Zimmer auftaucht und dich fragt: »Wie geht es dir?« Er hat gemerkt, präsent und wach wie er ist, dass etwas nicht stimmt mit dir.

Ich erinnere mich an einen Jesuiten aus Irland, dem ich zweimal begegnet bin. Jedes Mal spürte ich nach unserer Begegnung eine deutliche Reaktion meines Innersten. Ich kann das Gefühl nicht genau beschreiben. Aber es war ein Gefühl der Erleichterung und Befreiung. Wie wenn mir eine Last, die ich bisher mit mir trug, genommen wurde.

Vorübergehende und lebenslange Seelenfreundschaften

Zur Seelenfreundin kann für dich die Frau werden, die du vor 30 Jahren kennengelernt hast, und die nach 30 Jahren wieder Kontakt mit dir aufnimmt, und das zu einer Zeit in deinem Leben, in der dir das guttut. Zum Seelenfreund kann für dich der alte Mann werden, dem du zufällig begegnest, der dir in die Augen blickt und dir ein liebes Wort mitgibt.

Andreas, Lehrer, 55 Jahre alt, ist seit 25 Jahren mit einer Frau verheiratet, von der er sagt, dass sie ihn nicht liebt. Er fühlt sich gebunden an das Versprechen, das er ihr bei ihrer Hochzeit gegeben hat. Sonst hätte er sie längst verlassen. Sie haben beide für sich Formen gefunden, miteinander zu leben, sich zu arrangieren. Sie gesteht ihm – mal mehr, mal weniger – zu, dass er sich zurückziehen kann, um alleine Zeit für sich zu verbringen, den Unterricht vorzubereiten. Viel Herzblut fließt in seine Tätigkeit als Lehrer, sein echtes Interesse an den Schülern und sein Engagement als Personalratsvorsitzender seiner Schule. Doch, so sagt er, bleibe ein Rest. Ein Rest von Sehnsucht nach Verstandenwerden und Lebendigkeit, die durch all das nicht gestillt wird. Diese Sehnsucht stillt er durch Seelenfreundschaften, die er in den vergangenen Jahren intensiviert hat. Eine Seelenfreundin ist eine frühere Kollegin, die, wie er, Kunst unterrichtet. Mit ihr kann er sich über seine neuesten Erkenntnisse über Kunst, die er sich durch Lektüre oder den Besuch einer Ausstellung erworben hat, auf eine Art und Weise austauschen, die ihn zutiefst beglückt. Es gibt keinen zweiten Menschen, bei dem er sich so verstanden und gewürdigt fühlt, wenn er über

Kunst spricht. Mit einer anderen Seelenfreundin – dass sie das für ihn ist, wurde ihm erst später bewusst – schreibt er ein- bis zweimal in der Woche E-Mails. Sie hatten sich während ihrer Studentenzeit kennengelernt, waren damals so etwas wie ineinander verliebt und hatten sich dann aber wieder aus den Augen verloren. Bis sie vor zwei Jahren per Zufall auf seinen Namen gestoßen war und mit ihm Kontakt aufgenommen hatte. Mit ihr kann er sich über seine Seelenbefindlichkeit austauschen, etwa wenn er sich traurig fühlt, sich über irgendetwas Sorgen macht. Seiner Frau gegenüber deutet er lediglich an, dass es da zwei Frauen gibt, mit denen er sich gelegentlich austauscht. Er kann ihr aber nicht sagen, was sie ihm wirklich bedeuten, da er Angst hat, sie würde das nicht verstehen oder von ihm verlangen, die Kontakte zu beenden. Dabei hätte er es gerne, dass sie darum weiß, dass er nicht etwas, was ihm so viel bedeutet, vor ihr verbergen muss.

Dann gibt es den Seelenfreund, die Seelenfreundin, der oder die dich über viele Jahre deines Lebens begleitet, vielleicht sogar ein Leben lang. Du magst sie in einem professionellen Berater finden oder in Personen, die dir vertraut sind und mit denen du dich auf einer tiefen Ebene austauschst. Sie können in deiner Nähe wohnen oder weit entfernt von dir leben. Euer Austausch kann in persönlichen Begegnungen stattfinden oder über Briefe, E-Mails, Anrufe. In ihnen hast du jedenfalls Menschen, die das Kostbarste sind, das dir – so Cicero in seinem Werk »Über die Freundschaft« – die unsterblichen Götter schenken können.

Entdecke den Seelenfreund in dir

2

Werde dir selbst zum Seelenfreund

»Be Your Own Best Friend – Sei dir selbst der beste Freund«, heißt ein populärer Buchtitel. Das mag zunächst sehr ego-zentriert klingen, muss es aber nicht sein. Das gilt auch für den Seelenfreund, der du für dich selbst sein kannst. Ja, manchmal kann es das Ziel der Begleitung durch deine Seelenfreundin sein, dass du dir selbst zum Seelenfreund wirst.

So ist es wichtig, nicht nur mit anderen Menschen freundschaftliche Beziehungen aufzunehmen, sondern auch zu dir selbst eine freundschaftliche Beziehung zu pflegen. Deine Beziehung zu dir selbst sollte so innig sein wie die Beziehung, die dein Seelenfreund zu dir unterhält. Du wirst dann für dich selbst zum Seelenfreund.

Dir selbst ein Seelenfreund sein, kann damit beginnen, dir die Frage zu stellen, was deiner Seele guttut. Du kannst deine Seele fragen, was sie braucht, was ihr vielleicht fehlt. Du schenkst damit deiner Seele Aufmerksamkeit und zeigst ihr deine Freundschaft. Sie spürt dein Interesse an ihr und deine Sorge für sie und dankt dir deine Aufmerksamkeit durch das Gefühl von Zufriedenheit und innerem Frieden.

Wenn du deine Seele ansprichst, trittst du in Beziehung zu ihr. Sie ist dann nicht länger irgendeine anonyme Instanz, ein Phänomen für dich. Du begegnest in ihr deinem Innersten, so wie du einem Menschen begegnest, der dir viel oder alles bedeutet. Sie wird dadurch für dich zu einem kostbaren Teil von dir, zu dem du eine freundschaftliche, von Innigkeit und Wohlwollen gekennzeichnete Beziehung aufnimmst.

Deine Seele ist deine Freundin

Wenn Menschen für dich zum Seelenfreund werden, treten sie in den Dienst deiner Seele. Sie verrichten das Werk *deiner* Seele. Als Freunde und Freundinnen deiner Seele lenken sie deine Aufmerksamkeit auf deine Seele, bahnen dir den Weg zur Freundschaft mit deiner Seele.

So will dich dein Seelenfreund mit deiner Seele in Berührung bringen. Er wird dabei für eine Weile selbst zur Seele für dich, bis du in den Einflussbereich deiner Seele gelangst, dich von deiner Seele prägen lässt. Dann wird alles, was du denkst und tust, einen Bezug zu deiner Seele haben. Du verhältst dich jetzt wie jemand, der von seiner Seele in den Dienst genommen wurde, wirst zur Dienerin deiner Seele.

Es wird dir bewusst, dass du in deiner Seele eine Seelenfreundin hast, mit der du auf eine ganz innige Weise verbunden bist. Sie ist dir freundlich gesinnt, will dir Gutes, ist an deinem psychischen und spirituellen Wachstum und Wohlergehen interessiert. Sie weiß – mehr als jeder andere, auch mehr als du selbst –, was du brauchst, was deine Bestimmung ist.

Der Seelenfreund als Anwalt
deiner Seele

Dein Seelenfreund ist berechtigt, dich herauszufordern, dich auf etwas hinzuweisen, dich zu ermahnen. Als Anwalt deiner Seele nimmt er deren Interessen wahr und wird nicht müde, liebevoll und beharrlich darauf hinzuweisen, welche Angelegenheiten deiner Seele zu kurz kommen. »Es müssen die Freunde oft ermahnt und getadelt werden, und dies soll man in Freundschaft aufnehmen, wenn es aus Wohlwollen geschieht«, schreibt Cicero über die Freundschaft.

So mag dein Seelenfreund einfordern, dass du deiner Seele mehr Zeit einräumst. Zeit, die sie braucht, um nicht deinen Aktivitäten hinterherzuhinken. Er weiß: Beachtest du das nicht, geht dir etwas verloren. Du wirst müde, brennst aus. Dein Tun macht dir mit der Zeit keinen Spaß mehr. Es geht dir dann wie dem Forscher in der bekannten Erzählung »Von der Hektik und der langsamen Seele«:

Ein weiser Afrikaforscher konnte es nicht erwarten, endlich ins Landesinnere vorzustoßen. Um früher an sein Ziel zu gelangen, gab er den Trägern, die ihn begleiteten, zusätzliches Geld, damit sie schneller gingen. Diese legten dann auch ein schnelleres Tempo vor. Doch eines Abends setzten sie sich auf den Boden, legten das Gepäck ab und weigerten sich, weiterzuziehen. Selbst durch das Angebot, ihnen mehr Geld zu geben, ließen sie sich nicht dazu bewegen, weiterzumarschieren. Als der Forscher sie nach dem Grund ihres Verhaltens fragte, sagten sie: »Wir sind so schnell gegangen, dass wir nicht mehr so recht wissen, was wir tun. Darum warten wir, bis unsere Seele uns eingeholt hat.«

Dein Seelenfreund begnügt sich nicht damit, dich darauf hinzuweisen, wenn deine Seele zu kurz kommt. Als Anwalt deiner Seele will er, dass du immer mehr selbst zum Anwalt deiner Seele wirst. So will er mit dir Rituale entwickeln, die dir helfen, in Kontakt mit deiner Seele zu kommen und sensibel für ihre Bedürfnisse zu werden. Er wird versuchen, mit dir herauszufinden, was die tieferen Ursachen dafür sind, dass du vergessen hast, dass der Mensch nicht vom Brot allein lebt. Du der Seelenspeise bedarfst, wie das so schön in folgendem alten Lied ausgedrückt wird:

O heilge Seelenspeise
Auf dieser Pilgerreise
O Manna, Himmelsbrot
Wollst unsern Hunger stillen
Mit Gnaden uns erfüllen
Uns retten vor dem ewgen Tod

Dieses Manna kannst du auf vielfältige Weise kosten: ein Eintauchen in Gustav Mahlers Auferstehungssymphonie, ein Besuch bei einer alten Frau im Altersheim, ein beseelter Blick zum Sternenhimmel, eine beglückende, transzendierende sexuelle Erfahrung, der innerlich bewusst vollzogene Empfang der heiligen Kommunion als Fleisch und Blut Jesu Christi, eine tief erlebte Ich-Du-Beziehung in einer Partnerschaft, Freundschaft, spirituelle oder therapeutische Begleitung, die Heiligung des Sonntags durch heiliges Nichtstun.

Der Seelenfreund weiß, dass es der Disziplin bedarf, um Rituale zu pflegen, der Seele den Raum, die Zeit, die

Aufmerksamkeit einzuräumen, die sie benötigt, um atmen, präsent sein und sich entfalten zu können. Er wird liebevoll darüber wachen, dass sie eingehalten werden. *Liebevoll* und nicht bedrängend, streng, rigide. Überhaupt wird er nur eine Chance haben, etwas in dir zu bewirken und anzustoßen, wenn er es liebevoll, freilich auch beharrlich und geduldig tut.

Entdecke im Verlieben den Seelenfreund in dir

Verliebst du dich in einen anderen Menschen, so kann es sein, dass deine Seele in diesem Menschen einen Seelenverwandten entdeckt. »Man begegnet sich auf der Straße, auf einer Party, bei einer öffentlichen Veranstaltung, wird einander vorgestellt – und plötzlich durchzuckt einen ein Blitz des Wiedererkennens und die unter der Asche verborgene Glut der Seelenverwandtschaft strahlt hell auf. Zwischen uns und dem anderen erwacht etwas, erwacht ein Gefühl uralter Vertrautheit. Die Liebe öffnet die Pforte eines zeitlosen Wiedererkennens; wir treten ein; und endlich kehren wir jeder im anderen heim« (O'Donohue 2008, S. 40).

Jetzt ist deine Seele nicht mehr zu bremsen und treibt dich mit aller Macht zu deiner Seelenverwandten. Endlich, so glaubst du, hast du gefunden, was du bisher so schmerzlich vermisst hast. Wie wenn die andere Person der Teil von dir wäre, den du verloren, jetzt aber wiedergefunden hast. Sehr schön beschreibt das Kurt Tucholsky in dem Gedicht »Für Mary«:

Für Mary

Gibst du dich keinem –? Bist du nur blond und kühl?
Demütigt dich ein starkes, heißes Gefühl?
Wir sind allein. –
Jeder ist so vom andern durch Weiten getrennt,
dass er nicht weiß, wo es lodert und flammt und brennt –
Wir sind allein. –
Selten nur springt ein Funke von Blut zu Blut,
bringt zur Entfaltung, was sonst in der Stille ruht –
Wir sind allein. –
Aber einmal – kann es auch anders sein –
Einmal gib dich, – und, siehst du, dann wird aus zwein:
Wir beide –
Und keiner ist mehr allein. –

Kurt Tucholsky

Manchmal wird im Verlieben eine ungelebte Seite in dir selbst geweckt, ja, wach geküsst. Die Person, in die du dich verliebst, bringt dich dann mit etwas in dir selbst in Berührung, das nicht länger unterdrückt und am Leben gehindert werden will. Einmal ist es deine romantische oder deine sinnliche Seite, die ausgetrocknet ist. Ein anderes Mal regt sich in dir, ausgelöst durch dein Verliebtsein, deine Sehnsucht nach Erfahrungen, die dich und andere zu verzaubern vermögen. Oder du spürst in deinem Verliebtsein deine Sehnsucht nach der Erfahrung des Numinosen, des Heiligen, des Göttlichen in dir.

Es ist ein Segen, wenn dir solche Menschen begegnen, sosehr sie dich auch verwirren und aus dem Gleichgewicht bringen können. Sie können zu deinen Lebenspartnern werden, müssen es aber nicht. Oft sind sie nicht die Lebenspartner, und es liegt an dir, mit ihnen Formen zu finden, die es euch erlauben, eine Freundschaft zu pflegen, die euch nicht in Konflikt zu bestehenden Beziehungen bringt. Dann können sie zu einer Bereicherung deines Lebens und deiner bestehenden Beziehungen beitragen.

So kann die Person, in die du dich verliebst, in dieser Zeit eine ganz innige Seelenfreundin für dich sein, die das Wirken der anima in dir, der Seelenfreundin in dir, unterstützt. Gehe also deiner Seelenfreundin in dir nicht aus dem Weg. Lasse dich von ihr entzünden und beleben. Meidest du sie, so beeinträchtigst du die Fülle deiner Seele, nimmst ihr das Feuer und den Lebenssaft.

Entdecke deine wahre Schönheit

»Je mehr Zutrauen einer zu sich hat, ... desto mehr zeichnet er sich durch Suche und Pflege von Freundschaften aus«, schreibt Cicero in »Über die Freundschaft«. Weiter meint er: »Jeder liebt sich nämlich selbst – nicht um irgendwelchen Lohn von sich zu fordern für seine Liebe, sondern weil ein jeder sich von sich aus teuer ist. Wenn man dies nicht auch auf die Freundschaft überträgt, wird man nie einen wahren Freund finden, denn das ist nur der, der gleichsam unser anderes Ich ist.«

Hier erfolgt eine starke Aussage über die Selbstliebe, die Voraussetzung für eine Freundschaft und damit auch für eine Seelenfreundschaft ist. Du kannst als Bedürftige eine Seelenfreundschaft eingehen, aber auch dann bist du nicht weniger Wert als dein Seelenfreund. Hier unterhalten zwei Personen eine Beziehung, die beide um ihren Wert wissen, die den anderen nicht brauchen, um sich für wichtig und wertvoll zu erachten. Das kann so weit gehen, dass sie sich – wie das bei der Co-Beratung der Fall ist – in der Begleitung abwechseln. Einmal bist du die Seelenfreundin für den anderen, dann ist er dein Seelenfreund. Oder ihr seid es beide für euch zur gleichen Zeit.

Wenn du als Kind in deinen Eltern, Lehrern, Geschwistern und Freunden Menschen hattest, die an deinem Innersten, deiner Seele Interesse zeigten, dich dort zu berühren vermochten, wird sich das positiv auswirken auf deine Fähigkeit, dir selbst zum Seelenfreund zu werden und für andere Seelenfreund zu sein. Wenn du in deiner Kindheit einen besten Freund oder eine beste Freundin hattest, mit dem oder der du deine Geheimnisse austauschen konntest, wird es dir später leichter fallen, innige Freundschaften, darunter auch Seelenfreundschaften, zu initiieren und zu pflegen.

Kannst du dich annehmen und lieben wie du bist, brauchst du die anderen nicht, um dich für liebenswert zu erachten. Du kannst im Bewusstsein und in der Erfahrung deiner Liebenswürdigkeit und inneren Schönheit, deiner Seelenfreundin in dir, aus deiner Seele heraus andere mit deiner Schönheit erfreuen, ihnen deine Liebe schenken, für sie zum Seelenfreund oder zur Seelenfreundin werden.

Hast du Probleme damit, dich anzunehmen wie du bist, dann nimm mit deiner Seele Kontakt auf, öffne dich ihr und sei bereit, dich in ihren Sog ziehen zu lassen. Je mehr dir das gelingt, desto mehr wirst du dich von deiner Seele her sehen und dein Urteil über dich von ihr bestimmen lassen. Du wirst dabei zunehmend deine grundsätzliche Schönheit und Liebenswürdigkeit entdecken, die unabhängig von deinen Unzulänglichkeiten, Fehlern und

Unvollkommenheiten existiert. Du erweist dich darin als dein eigener Seelenfreund und tust dir damit etwas Gutes.

Solange du unter dem Einfluss deiner Seele stehst, wird es dir leichtfallen, dich von überzogenen Vorstellungen – etwa, wer du zu sein hast, um dich für liebenswert und schön zu erachten – zu verabschieden. Du siehst dich dann nicht durch den Filter deiner übersteigerten Vorstellungen von dir selbst, sondern im Lichte deiner Seele. Jetzt blickt dir deine innere Schönheit entgegen. Jetzt kannst du »Ja« zu dir sagen, dich annehmen, wie du bist. Dich lieben.

Manchmal kann auch dein Seelenfreund wie die Seele auf dich wirken. Denn, so schreibt Cicero in seinem Büchlein »Über die Freundschaft«, wer auf einen wahren Freund hinsieht, »erblickt gleichsam ein besseres Bild seiner selbst«.

Schenke deinem Innenraum liebevolle Aufmerksamkeit

Bist du dir selbst dein Seelenfreund, so bist du daran interessiert, deinen Innenraum, jenen Bereich in dir, den C.G. Jung »Person Nr. 2« nennt, zu gestalten und zu pflegen. Es ist dein Seelenraum. Er bedarf der gleichen Aufmerksamkeit wie dein äußeres, gesellschaftliches Leben oder die Pflege deines Körpers, die Sorge um deine Gesundheit, die Pflege deiner Beziehungen, der Einsatz für andere.

Vor allem in der zweiten Lebenshälfte wirst du, wenn du sensibel bist für die Regungen deiner Seele, ein starkes Verlangen in dir vernehmen, dich um deinen Innenraum zu kümmern. Du merkst, dir fehlt etwas Entscheidendes, deinem Leben fehlt es an Tiefe und Beseeltsein, solange du dich nicht mit deinem Innenraum befreundest und ihn dir so einrichtest, dass du dich darin wohlfühlst. Es ist wie mit einem bisher vernachlässigten Garten, dem du jetzt endlich deine ganze Aufmerksamkeit schenkst, den du neu anlegst, bebaust und bewässerst, wo du Blumen und Bäume pflanzt. Dir die Zeit dafür nimmst, die du dazu benötigst.

Deine Seele lohnt es dir, wenn du ihr so in Freundschaft begegnest, sie siehst und würdigst, indem sie dir ein Gefühl von Zufriedenheit und leisem Glück schenkt. Du fühlst dich wohl in dir. Wenn du dich in deinem eigenen Hause wohlfühlst, werden sich auch die anderen bei dir und in der Begegnung mit dir wohlfühlen. So befähigt dich deine Seelenfreundschaft mit dir selbst, anderen Menschen auf die gleiche liebevolle Weise zu begegnen.

Traumarbeit als Pflege deiner Seelenfreundschaft 3

Höre auf deine Träume

Die Pflege deines Innenraumes kann auf vielfältige Weise geschehen: Du kannst einfach innehalten, still verweilen und dabei nach innen schauen. Du kannst meditativ spazierengehen, Mandalas oder einfach etwas »aus dem Bauch« heraus malen, meditieren oder beten. In alledem bist du ein vorzüglicher Freund deiner Seele. Du machst die Erfahrung, wie gut das deiner Seele tut, wie sehr dein Leben dadurch reicher und wesentlicher wird.

Traumarbeit stellt eine weitere Möglichkeit dar, dir selbst als Seelenfreund zu begegnen. Als Freund deiner Seele bist du sensibel für ihre Regungen. Du hältst inne, bist offen für Anmutungen, Bilder, Worte, die aus deiner Tiefe auftauchen. Du hörst auf deine Träume, bist begierig, dich an sie zu erinnern und in ihnen Hinweise, Botschaften und Regungen deiner Seele zu entdecken.

Die Freundschaft mit deiner Seele kann so weit gehen, dass du mitten in der Nacht nach einem Traum aufstehst, um ihn aufzuschreiben, während du noch die Gefühle in dir spürst, die mit dem Traum einhergehen. Du verweilst etwas bei deinem Traum und versuchst herauszufinden, was dir deine Seele sagen möchte. Oder du lässt einfach die Dynamik, die Energie, die dir deine Seele über den Traum schenkt, auf dich wirken und dich dadurch verwandeln.

In deinen Träumen begegnest du deiner Seele

In deinen Träumen begegnest du deiner Seele. Sie schenkt dir Einsichten, versorgt dich mit Energie und Erfahrungen, die du als bestärkend und heilend erfahren darfst. Die Bilder und Szenen, die in deinen Träumen auftauchen, sind Kommentare deiner Seele zu dem, was dich im bewussten Leben beschäftigt. Sie wollen deinen Alltag mit deiner Seele verbinden, dich selbst auf deine Seele aufmerksam machen.

So mag dich die Schwarze Madonna von Tschenstochau, die in deinen Träumen auftaucht, an deine Seele erinnern wollen, dich wieder mit deiner Seele in Verbindung bringen wollen. Dann können deine Träume als ein Appell an dich verstanden werden, mehr nach innen zu gehen, mehr von innen heraus, aus deiner Seele heraus zu leben.

Die Seele holt dich durch deine Träume näher an sich heran

Die Seele leistet dir mit ihren Botschaften und Appellen einen Freundschaftsdienst. Sie holt dich näher an sich heran. Sie holt dich heraus aus dem Kreisen um dich selbst, deinem Aufgehen im Äußeren und äußerlichen Aktivitäten. Deine Seele erinnert dich dadurch daran, dass du neben deinem äußeren Seelenfreund in ihr eine innere Seelenfreundin hast, die oft nur darauf wartet, von dir wahrgenommen und beachtet zu werden.

So kann und soll der menschliche Seelenfreund nicht die Seele ersetzen. Er sieht es vielmehr als seine Aufgabe an, den Dialog mit deiner Seele zu fördern, dir zu helfen, die Sprache deiner Seele zu verstehen. Er will helfen, ihre Anregungen für dein Leben fruchtbar zu machen, dich selbst mit deiner Seele zu befreunden.

In deinen Träumen tauchst du ein in die Welt deiner Seele. In das Haus deiner Seele, dein innerstes Heiligtum. Der Seelenfreund besucht seine Freundin Seele. Zur Freundschaft gehört, dass man sich gegenseitig besucht, sich mit der Umgebung vertraut macht, in der der Freund oder die Freundin lebt. Auf diese Weise pflegt man seine Freundschaft. Traumarbeit dient, so gesehen, der Pflege deiner Seelenfreundschaft mit deiner Seele.

Deine Träume wollen dich mit dem Geheimnisvollen in Berührung bringen

Träume bescheren dir oft auch numinose Erfahrungen. Das sind Erfahrungen, bei denen das Heilige dich berührt. Sie führen dich an Orte, die tief in dir etwas auslösen und in Schwingung bringen. Sie bringen dich in Berührung mit deiner Seele, gewähren dir für einige Momente »Einblick« in sie und umfangen dich mit der Erfahrung des Heiligen, des ganz Anderen.

Es ist dann nicht der Inhalt des Traumes – sosehr er auch miteinbezogen werden sollte –, der im Vordergrund steht und heilend wirkt, sondern die Energie, das Gefühl, das von diesem Traum ausgeht und in dein Bewusstsein eintaucht, um dich zu bereichern und zu verwandeln. Gedanken, Gefühle, die im Unbewussten, im Unsichtbaren als Geröll »herumliegen«, werden durch den Traum nach oben, ins Bewusstsein, ins Sichtbare gehoben und gespült.

Was dir durch den Kopf oder durch das Herz geht, was du empfindest, was in dir aufsteigt, wenn du dich an den Traum erinnerst und ihn vielleicht aufschreibst, kann von großer Wichtigkeit sein. Du magst an einen bestimmten Menschen denken, dir fällt ein, dass du dich wieder mehr körperlich betätigen solltest. Du kommst wieder mit deiner Sehnsucht nach Gott in Berührung.

Lass dich von deinen Träumen verwandeln

In den Träumen trittst du in einen Bereich ein, in dem du verwandelt wirst. Es ist dein innerer Bereich, in der Sprache des Tiefenpsychologen C.G. Jung (1997, S. 50f.) die »Person Nr. 2«, im Unterschied zu der »Person Nr. 1«, die in der Welt und der Gesellschaft lebt und dort ihren Platz sucht. Wenn du in deinen Träumen in diesen Bereich eintrittst, geschieht etwas mit dir, was deine bisherige Sichtweise von Leben und Sein wandelt. Von der Anschauung des Ganzen überwältigt und deiner selbst vergessend, kannst du dich nur noch wundern und bewundern. »Hier lebt ›der Andere‹, der Gott als ein heimliches, persönliches und zugleich überpersönliches Geheimnis« kennt. Hier trennt den Menschen nichts von Gott. Ja, es ist, »wie wenn der menschliche Geist zugleich mit Gott auf die Schöpfung« blickt.

In den Träumen begegnest du diesem Bereich, verweilst in ihm. Kommst du aus diesem Bereich zurück, bist du ein anderer als vorher. Das aber stellt eine ungeheure Bereicherung deines Lebens dar. Es ist Zugewinn einer Erfahrung, die durch nichts ersetzt werden kann.

Lass dich von deinen Träumen mit dem Grenzenlosen verbinden

Deine Träume tragen dazu bei, dich in deiner Tiefe zu verankern. Sie erweisen sich damit als Seelenfreunde, indem sie den Kontakt zu deiner Tiefe, deiner Seele herstellen und es dir dadurch ermöglichen, mitten im Leben die Erfahrung zu machen, an das Grenzenlose angeschlossen zu sein.

Bei der Erfahrung von Angst ist die Hilfe von außen wichtig. Genauso wichtig kann aber die Hilfe von innen sein. Die Erfahrung zu machen, in deinem Innersten, in deinem Tiefsten verankert zu sein. Dafür ist es notwendig, immer wieder mit deinem Kern in Berührung zu kommen, den Kontakt zu deinem Kern nicht zu verlieren, dich immer wieder dort und darin zu verankern.

Träume führen dich in deinen Kern, in dem es um das Eigentliche geht. Sie führen dich in deine Mitte, auch in die Mitte deines Daseins und Seins. Dein Sein drückt sich auf vielfältige Weise aus: durch deine Beziehungen, die Art deiner Beziehungen – etwa, ob du verheiratet bist, alleine oder in einer Gemeinschaft lebst –, durch deinen Beruf, deine Hobbys, dadurch, wie du deine Sexualität lebst, deinen Beruf und so weiter. Doch unabhängig davon gibt es dich, dein Selbst, das, was dich im Wesentlichen ausmacht.

Auf dieses Wesentliche wollen dich deine Träume aufmerksam machen. Daran wollen sie dich erinnern. Sie tragen dadurch dazu bei, dass du mit deinem Kerndasein in Berührung kommst. Sie wollen dich ermahnen, dass du nicht in den Außenbereichen deines Seins aufgehst und dabei den Kontakt zu deinem Kern verlierst. Dich vielmehr darin verankerst.

Ich begegne als Psychotherapeut oft Personen, die angesichts von Ereignissen, die eigentlich keine Angst auszulösen bräuchten, sehr ängstlich sind. Sie sehen ihre Existenz bedroht, wo es bei genauerem Hinsehen um Attribute ihres Daseins geht wie Arbeit, Prestige, Rolle, Eitelkeit, sexuelle Potenz. »Viele Menschen werden daher übermäßig bei Bedrohung ihrer Karriere oder irgendeines der anderen Attribute gestresst. Sie glauben tatsächlich, ›Ich *bin* meine Karriere‹ oder ›Ich *bin* meine sexuelle Attraktivität‹. Der Therapeut möchte gerne sagen: ›Nein, du bist nicht deine Karriere, du bist nicht dein herrlicher Körper. Du bist nicht Mutter oder Vater oder weiser Mensch oder ewige Krankenschwester. Du bist dein *Selbst,* dein Kerndasein. Ziehe eine Linie darum: Die anderen Dinge, die Dinge, die außerhalb der Linie sind, sie sind nicht du – sie können verschwinden, und du wirst immer noch existieren« (Yalom 2005, S. 198).

Deine Träume muten dir zu, dich mit dem auseinanderzusetzen, was zu deiner Existenz gehört und erweisen sich darin als wahre Seelenfreunde. Sie machen das Geschäft der Ablenkung nicht mit, beteiligen sich nicht am Spiel der Verdrängung, da sie sich nicht von äußeren Ereignissen oder Autoritäten blenden oder manipulieren lassen. Sie werden in dir die Themen und die damit verbundenen Gefühle wachrufen, bei denen es um das Wesentliche geht: deine existenzielle Angst, das existenzielle Alleinsein, die Fragen nach dem Sinn im Leben und die Auseinandersetzung mit deiner Endlichkeit.

Doch deine Träume belassen es nicht dabei, dich mit diesen Fragen zu konfrontieren. Indem sie dich zur Auseinandersetzung mit diesen Fragen auffordern, eröffnen sie dir eine neue Dimension, die dir, solange du auf die Attribute deines Seins fixiert bist, vorenthalten bleibt. Daraus erwächst dir ein Gespür für eine ganz neue Qualität des Lebens. Deine Träume motivieren dich, dich auf dein Kerndasein zu besinnen, das mehr ist als deine Karriere, deine Gesundheit, erfüllende Beziehungen oder gesellschaftliches Ansehen. Diese können verschwinden, doch du bleibst bestehen. Du verzweifelst dann nicht und gibst auch die Hoffnung nicht auf, dass es für dich weitergeht.

Die Träume öffnen dir zugleich die Tür zu Bereichen, die dir verschlossen blieben, würdest du dich »nur« im Außenbereich aufhalten. Es ist der Bereich, es ist die Dimension des Ewigen, in die du über sie eintrittst und mit der sie dich verbinden. Verbunden mit etwas Größerem spürst du, dass, wie bei allem, was du selbst leisten und tun kannst und musst, eine geheimnisvolle Kraft heilend in dein Leben und deinen Alltag hineinwirkt.

Seelenfreundschaft mit Gott und Jesus   4

Rede mit Gott wie mit einem Freund

Deine Seele verlangt es, dich in die innigsten Seelenfreundschaften zu führen. In diesem Verlangen begegnest du der tiefsten Sehnsucht deiner Seele. Sie ist davon beseelt, sich mit anderen Menschen und schließlich mit Gott zu verbinden und zu verquicken. Sie jubelt auf, ist zufrieden, wenn ihr Verlangen von Erfolg gekrönt wird, du auf Menschen triffst, in deren Anwesenheit du dich verstanden fühlst, du in Sphären eintauchst, die dir das Gefühl vermitteln, angekommen, heimgekommen zu sein.

So ist die Seele die Kraft, die dich in die Beziehung zu Gott führt. Sie ist die Hüterin deiner Freundschaft mit Gott, erweist sich als deine Seelenfreundin, indem sie dich zu Gott führt. Sie schafft die Voraussetzungen, um Freundschaft mit Gott erfahren zu können. Sie bietet sich dir als Haus des Gebetes an, in das du eintreten kannst, um dort in eine Sphäre einzutauchen, die dich die Verbundenheit mit Gott spüren lässt. In deiner Freundschaft mit Gott findet die Sehnsucht deiner Seele ihre Fülle und Erfüllung.

Im Alten Testament (Exodus 33,11) wird erzählt, dass Mose mit Gott im Offenbarungszelt wie »ein Mann mit seinem Freunde redet«, wie es in der griechischen Übersetzung heißt (vgl. Schnackenburg 1995, S. 44). So ergeht es dir, wenn du dir Gott zu deinem Seelenfreund erkoren hast. An ihn kannst du dich immer wenden. Zu ihm kannst du jederzeit sprechen. Mit ihm kannst du dich über alles austauschen. Vor ihm kannst du deine tiefsten Geheimnisse ausbreiten. Er versteht dich. Die hochbetagte Psychoanalytikerin Margarete Mitscherlich sagt, sie spreche oft zu Gott, auch wenn sie nicht an ihn glaube. Sie fühle sich verstanden von ihm.

Gott ist dein engster, innigster Begleiter, dein bester Seelenfreund. Er bietet dir die intimste Freundschaft an. Dein menschlicher Seelenfreund kann ihn nicht ersetzen. Er kann dir helfen, Gottes Antwort zu entdecken, zu erkennen und zu verstehen. Er wägt mit dir ab, wie du die Regungen deiner Seele, wenn du sie als Hinweise Gottes siehst, deuten und verstehen kannst. Wie vor Gott brauchst du auch vor deinem menschlichen Seelenfreund keine Geheimnisse zu haben. Mit ihm kannst du sie teilen. Nicht, dass du das musst, er das von dir erwartet. Doch ist er bereit, dir zuzuhören und das, was du sagst, in seinem Herzen zu bewahren.

Der Seelenfreund ist ein Geschenk Gottes an dich. In der Begegnung mit deinem Seelenfreund darfst du jetzt schon anfanghaft erfahren, wonach deine tiefste Sehnsucht ausgerichtet ist: auf die Begegnung mit Gott. Die Erfahrung zu machen, ganz verstanden, ganz angenommen zu werden. Im Seelenfreund schenkt Gott sich dir selbst.

Freundschaft mit Jesus

In Jesus, so die christliche Tradition, hat Gott dir seinen Sohn als Seelenfreund geschickt. Für John O'Donohue (1998, S. 15) ist daher Jesus der geheime Seelenfreund eines jeden Menschen. Jesus selbst nennt uns im Neuen Testament seine Freunde: »Ich nenne euch nicht mehr Knechte; denn der Knecht weiß nicht, was sein Herr tut. Vielmehr habe ich euch Freunde genannt, denn ich habe euch alles mitgeteilt, was ich von meinem Vater gehört habe« (Johannes 15,15).

Jesus gibt dir – so deutet der Neutestamentler Rudolf Schnackenburg (1995, S. 45f.) diese Zusage Jesu –, was nur er dir geben kann: »die erhellenden, beglückenden und befreienden Worte von Gott«. Die Freundschaft mit Jesus ist dabei eine Freundschaft, »die jeden Abstand vom geschichtlichen Jesus, alle Abgründe der Ferne und Fremde überwindet«. Jesus ist hier und jetzt dein Freund, den du hören kannst, wenn du auf sein Wort achtest.

In der Freundschaft mit Jesus erfährst du große Intimität, spürst, Teil eines Größeren zu sein. Göttliches und Menschliches, die Erfahrung von Geborgenheit und Ewigkeit fließen in deiner Freundschaft mit Jesus ineinander über. Deine Beziehung zu Jesus ist eine Beziehung, die es dir erlaubt, Jesus als dein Gegenüber zu verstehen und eine innige Beziehung mit ihm zu leben. Die Beziehung zu Jesus kann so innig sein, dass du dich als Eins mit Jesus erfährst. Das meint mystische Erfahrung in der Begegnung mit Christus: »die denkbar innige, innerlich erfahrene Einswerdung mit Christus, dem gegenwärtigen und lebendigen Freund der Seele« (Schnackenburg 1995, S. 70). Gerade in Zeiten von Leid, aber auch tiefsten Glücks kannst du dich auf eine so innige Weise mit Jesus, deinem Seelenfreund, verbinden, dass sein Empfinden zu deinem Empfinden wird und dein Empfinden seine Erfahrung ist (vgl. Schnackenburg 1995, S. 70).

Jesus selbst hatte auch Seelenfreunde und Seelenfreundinnen. Da ist »der Jünger, den er liebte« (Johannes 19,26), der bei der Kreuzigung und seinem Tod dabei war. »Nie scheint seine Freundschaft«, so schreibt Rudolf Schnackenburg (1995, S. 63f.), mit Jesus erschüttert worden zu sein. Er war der Vertraute Jesu, der beim Abendmahl an seiner Brust ruhte (Johannes 15,21;21,20) und dem Jesus sein Inneres erschloss. Dann war da Maria Magdalena, nicht seine heimliche Geliebte, wie manche mutmaßen, sondern eine Seelenfreundin. Ihre Freundschaft, die von einem vertrauensvollen, persönlichen und geistlich tiefen Verhältnis geprägt ist, geht mit Jesus über das Grab hinaus (vgl. Schnackenburg 1995, S. 65f.).

Lebe im Beten deine Freundschaft mit Gott und Jesus

Gedichte, Gebete und Psalmen können deine Freundschaft mit Gott und Jesus begleiten und unterstützen. Ja, sie können zu deinen Seelenfreunden werden. Als der alte Goethe sich unsterblich in die über 50 Jahre jüngere Ulrike von Levetzow verliebte, wurde für ihn seine »Marienbader Elegie« zum Seelenfreund. Er ließ sie sich vorlesen und fand darin Trost.

Im Beten oder Singen der Psalmen, laut oder in deinem Herzen, hältst du deine Sehnsucht nach der »anderen Welt« wach, mit der sich deine Seele verbunden fühlt oder verbunden fühlen möchte. Sie können so etwas wie ein Zaun sein, der dich schützt vor Einflüssen, die dir und deiner Seele schaden.

Im Beten findet deine Seele ein Zuhause, in dem sie geborgen ist. Du kannst aus der Fülle von Gebeten die Formen auswählen, die dir entsprechen. Das *Vaterunser* oder ein *Gegrüßet seist du Maria*; das Rosenkranzgebet, das Perlengebet, das Herzensgebet; ein bewusstes, stilles, inneres Eintauchen in die Beziehung zu Gott, zu einem höheren Wesen, ein Dank- oder Bittgebet.

Du kannst zu Gott rufen: » Höre mich, Herr, sei mir gnädig! Herr, sei du mein Helfer!« (Psalm 30,11). Das alles kann Nahrung für deine Seele sein, dir Trost spenden und Hoffnung vermitteln. Es kann dazu beitragen, mit Gott – deinem innigsten und letztendlichen Seelenfreund – in Kontakt zu kommen, um bei ihm göttliche Energie zu tanken als Wegspeise für deinen Weg. Gott kann dir die Hilfe und Nahrung schenken, über die kein menschlicher Seelenfreund verfügt. Deine Seele findet dann in Gott selbst ihr Zuhause.

Im mystischen Beten, bei dem du eine innige Beziehung zu Jesus aufnimmst, dich von deinem Herzen, deiner Seele her innerlich auf ihn ausrichtest, pflegst und lebst du deine Seelenfreundschaft mit Jesus. Du verweilst in seiner Nähe, ruhst dich bei ihm aus, lässt dich von seiner heilenden Nähe und Liebe beschenken und bestärken.

Manchmal kann auch ein gutes Buch oder ein Spaziergang in einer dich ansprechenden Landschaft ein Seelenfreund sein, wenn du in sie eintauchst, sie in dich hineinnimmst, dich von ihr erwärmen und erfreuen lässt. Wie das in dem Gedicht »Mondnacht« von Joseph von Eichendorff so wunderbar beschrieben wird:

Mondnacht

Es war, als hätt der Himmel
Die Erde still geküsst,
Dass sie im Blütenschimmer
Von ihm nun träumen müsst.

Die Luft ging durch die Felder,
Die Ähren wogten sacht,
Es rauschten leis die Wälder,
So sternklar war die Nacht.

Und meine Seele spannte
Weit ihre Flügel aus,
Flog durch die stillen Lande,
Als flöge sie nach Haus.

Joseph von Eichendorff

Heilige und Verstorbene als Seelenfreunde

Auch unter Menschen, die nicht mehr unter uns weilen, kannst du Seelenfreunde haben. Ich jedenfalls glaube fest daran. Cicero schreibt dazu in »Über die Freundschaft«: »Wer nämlich auf einen wahren Freund hinsieht, erblickt gleichsam ein besseres Bild seiner selbst. Aus diesem Grunde sind Abwesende zugegen ... und – was sich noch schwerer sagen lässt – Tote lebendig, so ehrendes Gedächtnis, so tiefe Sehnsucht ihrer Freunde folgt ihnen nach.«

Ich kenne Phasen in meinem Leben, in denen ich Menschen, die mir zu Lebzeiten wichtig waren, nach ihrem Tod als Seelenfreunde erfahren durfte. Ich gehe, wenn ich mit ihnen Kontakt aufnehmen möchte, soweit es möglich ist, an ihr Grab oder denke intensiv an sie. Ich spreche mit ihnen, schütte mein Herz vor ihnen aus und bitte sie um ihre Hilfe.

Ein solcher Seelenfreund ist für mich Pater Clemens, der schon seit über zehn Jahren tot ist. Ich bin ihm zu Lebzeiten nicht sehr häufig begegnet. Doch wenn ich ihm begegnete, beschenkte er mich mit seiner Güte, seiner einladenden Offenheit und der Reinheit seines Herzens, die für mich einfach spürbar waren. Ich erinnere mich noch sehr lebhaft an den Augenblick, als das Totengeläute der Abteikirche von Münsterschwarzach sein Dahingehen verkündete. Ich hielt inne, dachte ganz intensiv an ihn und verspürte in diesen Minuten eine tiefe Verbundenheit mit ihm. Vielleicht kann man auch sagen: Seelenverwandtschaft.

Es gibt eine Verbundenheit, eine Seelenverwandtschaft, die über den Tod hinaus anhält. Du magst, wenn du das hörst, die Stirn runzeln, eine solche Vorstellung gar für absonderlich halten. Ich kann das verstehen und aushalten. Doch wenn ich mit meinem Seelenfreund Pater Clemens Kontakt aufnehme, sind wir uns wirklich nah. Ich gehe erleichtert, getröstet von seinem Grab. Meine Worte sind nicht in einem Nichts versunken. Sie sind angekommen. Sie haben etwas bewirkt. Für mich ist Pater Clemens ein Seelenfreund und ein Heiliger.

Meine Erfahrungen mit dem lebenden und dem toten Pater Clemens lassen mich auch verstehen, dass Menschen sich in ihrer Not und ihren Sorgen an Heilige wenden. »Die Heiligen sind Menschen in der ganzen Dramatik des Daseins, auch in Anfechtung, Angst, Zweifel, Schwäche. Ihre ›Ehre‹ ist nicht ihre moralische Höchstleistung, sondern ihre Bereitschaft, sich der Verwandlungskraft der Gnade, d.h. dem persönlich-dialogisch gegenwärtigen Gott, auszusetzen« (Müller 1988, S. 596). In ihnen kannst du Seelenfreunde und Seelenfreundinnen finden, von denen du dich verstanden fühlst, durch die du Hilfe und Trost erfahren darfst. Vor allem aber können sie dir Mut machen, dass du dich selbst – wie sie – der Gnade aussetzt und dich auf eine Seelenfreundschaft mit Gott einlässt.

Ich möchte dir Mut machen, diese Kraftquelle zu nutzen und dich nicht durch kritische Bemerkungen oder die Skepsis anderer davon abbringen zu lassen. Es geht dabei nicht um ein billiges Vertrösten. Dir bleibt noch genug an Arbeit, Fantasie und Ausdauer, um mit deiner schwierigen Situation fertig zu werden. Doch du zeigst damit, dass du dein Vertrauen darüber hinaus in eine größere Kraft setzt. Du deine alltägliche, irdische Situation unter den Segen des Himmels stellst, dadurch aber selbst weiter wirst, Neues zulässt, zulässt, dass Erde und Himmel sich miteinander verbinden und verquicken.

Teil II

Der Seelenfreund als Begleiter

Wie kann ein Leben denn »lebenswert« sein …, das nicht in des Freundes wechselseitigem Wohlwollen ruht? Was ist denn angenehmer als jemanden zu haben, mit dem du alles wie mit dir selbst zu reden wagst? Was wäre ein noch so großer Gewinn im Glück, wenn du keinen hättest, der sich genauso wie du selbst darüber freute? Unglück gar wäre schwer zu tragen ohne einen, der es noch schwerer nähme als du.

Cicero, Über die Freundschaft

Der Seelenfreund begleitet dich durchs Leben 5

Der Anam Cara

In der keltischen Kirche kannte man den *Anam Cara*. *Anam* ist das keltische Wort für Seele, *cara* für Freund. Der Seelenfreund war Lehrer, Begleiter, spiritueller Ratgeber. Er konnte ein Priester oder einfach eine vertrauenswürdige Person sein, egal ob Frau oder Mann (vgl. Gula 2003, S. 44f.). Bei ihm legten die Menschen ihre Beichte ab, ihm offenbarten sie alle Heimlichkeiten ihres Herzens. Ihm gestatteten die Menschen, tief in ihr Herz hineinzuschauen, den Ort, an dem sie ihre allerpersönlichsten Entscheidungen trafen. »Der Anam Cara war ein Mensch, dem man die intimsten Geheimnisse seines Lebens offenbaren konnte. Die Beziehung zu ihm war geprägt durch Anerkennung und ein tiefes Zugehörigkeitsgefühl. Es war eine Freundschaft, die sich über alle Grenzen der Konvention, Moral und begrifflichen Kategorisierung hinwegsetzte: man war auf eine urtümliche und ewige Weise mit dem ›Freund der Seele‹ verbunden« (O'Donohue 2008, S. 16).

Jeder sollte einen solchen Seelenfreund haben. Ohne einen Seelenfreund zu sein, so hieß es, sei vergleichbar mit einem Körper, der keinen Kopf habe. Dabei sollte niemand gezwungen werden, als Seelenfreund für diesen oder jenen zur Verfügung zu stehen. Es war ein Dienst, der freiwillig angeboten wurde.

Die buddhistische Tradition kennt den »Kalyana-mitra«, den noblen Freund. Er lässt sich nichts vormachen, sondern konfrontiert uns, freundlich und bestimmt zugleich, mit unseren blinden Flecken. »Er kennt uns und unsere Bestimmung, unseren Weg« (O'Donohue 2008, S. 43). Er sieht, was wir nicht sehen können oder nicht sehen wollen. Er ist der Spiegel unserer Seele.

Seelenfreundschaft ist eine spezielle Freundschaft

Seelenfreundschaft ist eine spezielle Freundschaft. Es ist nicht, wie ich dir bereits mitgeteilt habe, unbedingt die Freundschaft zwischen einem Mann und einer Frau, die Lebenspartner sind – sosehr innerhalb dieser Partnerschaft auch eine Seelenfreundschaft bestehen kann. Auch ist es nicht die Art der Freundschaft, die du mit Menschen teilst, mit denen du dich oft triffst, austauschst, Geburtstage feierst.

Dein Seelenfreund ist wie der Freund des Bräutigams, der, wie es im Johannesevangelium (3,29) heißt, dem Bräutigam »zuhört und sich freut, wenn er dessen Stimme hört«. Er ist nicht die Braut. Vielmehr kommt ihm in deinem Beziehungsfeld ein bestimmter Platz zu, der nicht in Konflikt gerät mit deinen anderen Beziehungen. So ist dein Seelenfreund nicht Ersatz für Beziehungen, für die er nicht zuständig, ja, nicht die richtige Person ist. Bis dahin, dass er dann seine Aufgabe untergraben würde.

So steht in einer bestehenden Partnerschaft dein Seelenfreund nicht als Ersatzpartner zur Verfügung. Er ist der Ansprechpartner, mit dem du deine tiefsten Sehnsüchte austauschen kannst, nicht aber das Ziel deiner Sehnsüchte. In deinem Seelenfreund gibt es einen Menschen für dich, der dich in dem, was dir zutiefst innerlich ist, dich in deiner Tiefe berührt und umtreibt, versteht. Sehr treffend beschreibt das Anita Zarpentin in folgendem Gedicht:

Seelenliebe

Einen Seelenfreund finden,
welch ein Geschenk.
Einen Begleiter durch die Leben.
Immer wieder magisch angezogen.
Die Liebe zueinander immer wieder
neu entdeckend.
Eine Liebe,
so tief und vorurteilsfrei,
so rein und frei von Negativität
und auch Sexualität.
Eine Liebe,
so abgrundtief und unendlich,
wie nur Seelenliebe sein kann.
Eine Liebe,
schon ewig andauernd
und für die Ewigkeit gebaut,
und doch nicht bindend oder fesselnd
oder einengend,
sondern nur liebend.

Anita Zarpentin

In der buddhistischen Tradition konnte der Seelenfreund auch der Sexualpartner sein, um in der sexuellen Begegnung ein Gespür für das Transzendente zu wecken. Und tatsächlich kann ein liebender Sexualpartner für den anderen in diesem Sinne zum Seelenfreund werden. Doch der Seelenfreund, wie ich ihn verstehe, ist jemand, nach dem du dich mehr sehnst als nach einem sexuellen Partner. Die Sehnsucht nach ihm ist tiefer in dir angelegt und größer als die Sehnsucht nach einem sexuellen Liebespartner. Er stillt deine Sehnsucht, auf einer tieferen Ebene verstanden zu werden – eine Sehnsucht, die stärker ist als unsere Sehnsucht nach sexueller Begegnung (vgl. Rolheiser 2005, S. 51). Das ist ein hoher Anspruch an den Seelenfreund, dem dieser oft nicht gerecht wird und gerecht werden kann.

Der Seelenfreund respektiert Grenzen

Dein Seelenfreund lässt sich ganz innig auf dich ein. Er klopft aber zuvor bei dir an, um zu sehen, ob er erwünscht ist. Er wartet deine Entscheidung oder Erlaubnis ab. Er drängt sich nicht auf. Er respektiert deine Grenzen, sieht er es doch auch als eine seiner Aufgaben, dir zu helfen, zu deinen Grenzen zu stehen. Er will, dass du dein Innerstes, deine Seele vor Einflüssen und Eindringlingen schützen und bewahren kannst, die dir schaden.

Der Seelenfreund respektiert es, wenn du seinen Freundschaftsdienst nicht oder nicht mehr annehmen möchtest. Ohne beleidigt zu sein oder sich dadurch gekränkt zu fühlen. Weiß er doch, dass alles seine Zeit hat. Wenn die Zeit für den Freundschaftsdienst gekommen ist, ist er bereit, seinen Dienst anzubieten. Ist die Zeit dafür abgelaufen, zieht er sich wieder zurück.

Der Seelenfreund respektiert auch seine eigenen Grenzen und die Grenzen, die du ihm setzt. Manchmal meint man, als Freund auch der Seelenfreund sein zu müssen. Man ist enttäuscht, zwar dein Freund, aber nicht dein Seelenfreund zu sein. Der Ehepartner, der vorübergehend zum Seelenfreund wird, muss damit rechnen, dass es andere Menschen gibt, die ebenso zum Seelenfreund des Partners werden können. Eltern, die sich bisher als deine Seelenfreunde verstanden haben, müssen damit leben können, dass du dir irgendwann andere Menschen als Seelenfreunde suchst. Manchmal bleiben sie für dich Seelenfreunde. In der Regel aber nicht. Auch sollten sie von dir nicht erwarten, als deine Seelenfreunde erwählt zu werden.

Sosehr die Innigkeit ein Kennzeichen von Seelenfreundschaft ist, sosehr gehört zu ihr auch die Einhaltung einer angemessenen Distanz. Deine Seele braucht viel Raum, um sich entfalten zu können. Wie Bäume, die man nicht direkt nebeneinander pflanzen kann, bedarf deine Seelenfreundschaft des freien Raumes dazwischen. Der jeweils andere muss immer auch der andere in seiner Einzigartigkeit bleiben.

Der Seelenfreund ist der Freund deiner Seele

Der Blick deines Seelenfreundes richtet sich vornehmlich auf deine Seele, dein Innenleben. Der Tiefenpsychologe C.G. Jung würde sagen: die »Person Nr. 1« steht für deine äußere Person, die du nach außen hin vertrittst, die »Person Nr. 2« meint deine innere Person, deinen inneren Bereich, deine Tiefe, in der du dein Innenleben führst. Es ist der Bereich, in dem du verwandelt wirst, tiefer siehst, wenn du

ihn betrittst. Was dir dort begegnet, vermag dich zu über-
wältigen, es trägt dazu bei, dass du dich, dich selbst vergessend, nur noch wundern kannst (vgl. Jung 1997, S. 50f.).

Über die »Person Nr. 2« hörst du nach innen und
kommst in Kontakt mit deiner Tiefe. Dort vernimmst du
deine wahren Sehnsüchte. Mit dieser inneren Person
kommst du in Kontakt durch Meditieren oder sie erwacht
in der Begegnung mit der Natur. In deinen Träumen trittst
du in deinen inneren Bereich ein. Im Gespräch mit deinem Seelenfreund wird es immer wieder darum gehen,
deinem Innenraum und den Regungen und Botschaften,
die von dort ausgehen, besondere Aufmerksamkeit zu
schenken.

Der Seelenfreund ist für alle da

Der Seelenfreund lässt sich nicht vereinnahmen. Von keiner
Kirche, keiner Partei, keinem Amt. Er ist nicht festgelegt auf
eine bestimmte Religion oder psychotherapeutische Schule.
Er ist einfach dein Freund. Er ist für Heilige nicht weniger
da als für Sünder. In ihm begegnet dir ein Mensch, der sich
als Seelenfreund keiner Institution verpflichtet fühlt. Das
schließt nicht aus, dass er einer Institution angehört, einen
bestimmten Beruf ausübt, ja, über seinen Beruf zum Seelenfreund oder zur Seelenfreundin wird. Doch sein Dasein und
sein Tun für dich sind grundsätzlicherer Art. Wie das auch
für eine Freundschaft gilt, die jenseits beruflicher Grenzen
gelebt und gepflegt wird, und bei der du mit dem Freund
oder der Freundin durch dick und dünn gehst.

So ist der Seelenfreund für den Katholiken nicht weniger Freund als für den Buddhisten, für Heterosexuelle ist

er genauso da wie für Homosexuelle. Er ist der Freund der Seele des suchenden Jugendlichen und des alten Menschen, der sich auf den Tod vorbereitet. Wie die Seele, die sich von niemandem vereinnahmen und durch nichts beeindrucken lässt, macht der Seelenfreund keine Unterschiede zwischen Armen und Reichen, Laien oder Amtsträgern, Männern oder Frauen. Für ihn sind alle Menschen gleich. Sei es der Papst oder ein Globetrotter. Seine Freundschaft schließt niemanden aus. Er lässt sich aber auch von niemandem vereinnahmen. Er ist bereit, dein Seelenfreund zu sein und dir zu helfen, dein Leben zu beseelen.

Der Seelenfreund im helfenden Beruf   6

Es ist höchste Zeit, als Helfer den Seelenfreund in sich zuzulassen

Menschen, die helfende Berufe ausüben – unter ihnen Ärztinnen, Therapeuten, Seelsorger, Sozialarbeiter oder Krankenschwestern –, können für dich zu Seelenfreunden werden. Sie können das auf unterschiedliche Weise und in unterschiedlicher Ausprägung und Dichte sein. Seelsorger und Psychotherapeutinnen können, ja, sollten das in ganz besonderer Weise sein. In der Kombination von Psychotherapeut und Seelsorger kann der Seelenfreund am stärksten zum Ausdruck kommen.

Ein Helfer – sei er Arzt, Seelsorger, Therapeut, Heilpraktiker oder geistlicher Begleiter –, der sich auch als Seelenfreund versteht, muss wissen, dass das nicht ein Job für ihn ist, sondern eine Herzensangelegenheit. Seelenfreundschaft, die zum Job wird, hat nicht länger etwas mit Seelenfreundschaft zu tun. Seelenfreundschaft im professionellen Kontext ist eine echte Freundschaft, zugleich aber auch eine selektive und befristete Freundschaft. Sie wird in einem bestimmten Rahmen gepflegt, in Zeiten, in denen man sich trifft. Es ist eine Freundschaft, die dir konkret gewährt wird. Sie konzentriert sich auf deine Seele, der das vornehmliche Interesse und die erste Sorge gilt. Das kann aber natürlich nicht losgelöst von deiner restlichen Person gesehen werden.

Das ist eine große Herausforderung für den professionellen Seelenfreund. Allein die Formulierung »professioneller Seelenfreund« ist ja schon ein Unding. Damit wird aber auch die Problematik angedeutet, die gegeben ist, wenn man im professionellen Kontext von Seelenfreund und Seelenfreundin spricht. Zugleich beginnt man zu erahnen, wo die Grenzen dieser Seelenfreundschaft liegen.

Es ist meiner Ansicht nach höchste Zeit, dass die Männer und Frauen, die in helfenden Berufen tätig sind, offen und sensibel dafür sind, wo sie zu Seelenfreunden werden können. Sie vergeben sich damit nichts. Nein! Sie unterstreichen und verstärken dadurch, was sie an Hilfe anbieten können und bereichern sich selbst damit. Sie erweitern und vertiefen ihr Angebot, erlangen darin und dadurch eine große Befriedigung und Sinnfindung ihrer Tätigkeit.

Es ist jedenfalls ein Segen für dich, wenn du in deinem Arzt, Seelsorger, deiner Therapeutin oder deiner geistlichen Begleiterin kompetente Ansprechpartner findest. Eine Person, die dir das schenkt, was sie dir in deiner Situation und darüber hinaus anbieten kann, wenn sie sich als Freund deiner Seele versteht.

Allzu oft beschneiden sich professionelle Helfer selbst in ihren Möglichkeiten, halten zurück, was sie nicht zurückhalten müssten und sollten: ihre Empathie, ihr Mitgefühl. Versteht sich deine Helferin auch als Freundin deiner Seele, dann wird sie dir all ihre Möglichkeiten zur Verfügung stellen, die sie dir in dem gegebenen Moment anbieten kann. Wir müssen als Helfer nicht irgendjemand Bestimmtes sein, meinen Ram Dass und Paul Gorman (2007, S. 32). Wir müssen nicht »dieses« oder »jenes« tun. Wir sind frei, einfach zu sein. »Diese Freiheit zu schmecken, vermehrt unsere Flexibilität erheblich und bereichert unsere

Hilfsmöglichkeiten für andere.« Da kann es Situationen geben, in denen wir in der Gegenwart eines sterbenden Menschen den Teil in uns spüren, der noch ein reines Kind Gottes ist. »Demut, Gebet und Glauben sind dann, was wir jetzt anzubieten haben«.

Dein professioneller Helfer, der sich auch als Freund deiner Seele versteht, überwindet die Trennung, die oft künstlich zwischen dir und ihm aufrechterhalten wird. Jetzt sieht er dich nicht nur durch die professionelle Brille. Jetzt kann zwischen euch das fließen, was vorher abgeblockt worden ist. »Zwei werden eines, und du fühlst dich irgendwie mehr als je zuvor als wirklich du selbst«, so Ram Dass und Paul Gorman. Er ist dann ein Vermittler von Freundlichkeit, ein Instrument der Liebe. Hier beschränkt sich der Dienst nicht auf den Macher und das, was gemacht worden ist. Der Helfer fühlt sich verwandelt und auf eine tiefere Weise mit dem anderen verbunden.

Wo findest du unter professionellen Helfern einen Seelenfreund?

Du magst dich fragen: »Wo finde ich unter professionellen Helfern einen solchen Seelenfreund? Im Seelsorger? Hat der überhaupt Zeit? Muss ich da nicht befürchten, mit theologischen Sprüchen und Ermahnungen zugestopft zu werden? Wirkt der nicht zu fertig, zu klerikal? Hat der nicht die Ausstrahlung eines Computers?« Diese oder ähnliche Gedanken und Fragen mögen dich beschäftigen. Das sollte dich aber nicht davon abhalten, danach Ausschau zu halten, wo es unter Seelsorgern und Seelsorgerinnen – das können Priester, Pastoralreferenten, Gemeindereferentinnen, Ordensfrauen, Diakone sein – einen Seelenfreund oder eine Seelenfreundin gibt, die oder der sich »als Fachmann der Innenwelt« und nicht als »klerikaler Funktionär« (Goldbrunner 1990, S. 136) versteht.

Vielleicht wirst du im Psychotherapeuten einen Seelenfreund finden. Du magst zweifeln: »Kostet der nicht zu viel? Hält der mich nicht einfach für krank? Ist der überhaupt offen für meine Seele oder spirituelle Erfahrungen? Beschränkt der sich nicht lediglich auf das Analysieren und wird er mich nicht gleich in sein therapeutisches Konzept einpressen?« Lass dich von diesen Fragen nicht ins Bockshorn jagen. Schau dich um und wage den ersten Schritt, dich für einen Therapeuten zu entscheiden. Viele Therapeuten und Therapeutinnen bringen gute Voraussetzungen mit, um sich als Seelenfreunde zu erweisen.

Hast du einen professionellen Helfer zum Seelenfreund, wird die Art seines Daseins und Vorgehens von seinem beruflichen Hintergrund bestimmt sein. Er will seinen Beitrag leisten für das Wohlergehen deiner Seele und damit für dich als ganzen Menschen. Dabei will er das, was er dafür miteinbringen kann, nutzen.

Wird dir ein Seelsorger zum Seelenfreund, wird er die geistliche Dimension in eure Seelenfreundschaft miteinbringen. Er wird den Reichtum seiner kirchlichen Tradition in der Ausübung und Pflege seiner Seelenfreundschaft mit dir einbeziehen: die Spendung der Sakramente, Rituale, Symbole, die Heilige Schrift. Einmal ist er auf eine sehr intensive, innige Weise als geistlicher Begleiter dein Seelenfreund. Dann als Priester bei der Feier des Sakramentes der Versöhnung ein Seelenfreund, der menschlich präsent ist, zugleich aber auch sich zurücknimmt, da er auf die göttliche Vergebungskraft baut. Der Priester oder Pastor, der einem Gottesdienst vorsteht oder predigt, kann für dich zum Seelenfreund werden, wenn er in dem, was er sagt, deine Seele im Blick hat und sie ganz bewusst anspricht.

Der Psychotherapeut, der sich als dein Seelenfreund versteht, wird deiner Seele auf eine besondere Weise seine Aufmerksamkeit schenken. Inwieweit ihm das gelingt, wird auch von seinem jeweiligen Therapieverständnis und Therapieansatz abhängen. Als Psychotherapeut, der verhaltenstherapeutisch ausgerichtet ist, wird er vielleicht der Seelenfreundschaft mit dir eine andere Bedeutung zumessen als eine Therapeutin, die tiefenpsychologisch geschult ist oder sich in ihrer Arbeit der Psychosynthese verbunden fühlt. Im letzteren Fall dürften die Seelenarbeit und die Seelenfreundschaft ein weit größeres Gewicht haben. Doch auch ein tiefenpsychologisch oder tiefenanalytisch ausgebildeter Therapeut kann so sehr in seinen Theorien verfangen sein, dass da wenig Platz bleibt für eine Seelenfreundschaft mit dir.

Manchmal ist der Psychotherapeut ein Psychotherapeut im üblichen Sinne *und* zugleich auch dein Seelenfreund. Er versteht und klassifiziert die Depression, die mit der Seelenkrise einhergeht. Das hält ihn aber nicht davon ab, in der Krise das Wirken deiner Seele zu sehen und behutsam hinzuschauen, was deine Seele damit sagen möchte. Der bekannte Psychiater Gerald May, der sich intensiv mit Psychiatrie, Religion und Spiritualität befasst hat, meint: Wer wegen einer Depression zum geistlichen Begleiter geht, weil er denkt, es handle sich dabei vielleicht um eine Erfahrung der dunklen Nacht, sollte immer auch zu seinem Psychiater gehen. Das eine schließt das andere nicht aus. Entscheidend ist, dass der Seelenfreund durch ein einseitiges psychotherapeutisches oder psychiatrisches Interesse nicht untergeht.

Bei dem Seelsorger im traditionellen Sinne, der zugleich auch Psychotherapeut ist, dürftest du eine große Offenheit für eine Seelenfreundschaft vorfinden. Das gilt auch für die geistliche Begleiterin, die über eine gute spirituelle und psychologische Ausbildung verfügt, sich durch Selbsterfahrung kennengelernt hat und durch ihre eigenen Krisen menschlich und spirituell gereift ist.

Schau, wohin die Menschen gehen

Sosehr es auch wünschenswert ist, noch mehr professionelle Helfer und Helferinnen ins Boot des Seelenfreundes zu holen, so musst du dich darauf einstellen, dass dies vorerst – von einigen Ausnahmen abgesehen – eine Wunschvorstellung bleibt. Dafür sind in unserem Gesundheitsversorgungssystem die professionellen Helfer wie Ärzte und Psychotherapeuten zu sehr dem medizinischen Bereich und den dort geltenden Kriterien verpflichtet. Diese lassen in der Regel wenig Spielraum, sich als Seelenfreund zu verstehen und zu verhalten. Es sei denn – und diese Mediziner und Psychotherapeuten gibt es –, sie lassen sich nicht davon abhalten, sich auch auf einer tieferen Ebene als Seelenfreunde zu verstehen.

Dennoch werden dir eher unter den geistlichen Begleitern und Begleiterinnen Seelenfreunde begegnen. Auch im Pastoral Counseling, einer Form von Begleitung durch Pastoren und Seelsorger, die psychotherapeutisch ausgebildet sind, wirst du eine Art von Beratung vorfinden, in der Seelenfreundschaft gepflegt werden kann. In der Gruppe der geistlichen Begleiter und Seelsorger mit therapeutischer Kompetenz wird sich eine dritte Form von Begleitung herauskristallisieren, die Seelsorge und Psychotherapie miteinander verbindet. Zu dieser Gruppe werden neben Männern und Frauen aus dem seelsorglichen und kirchlichen Bereich zunehmend auch Personen aus dem therapeutischen Umfeld gehören, die an spirituellen und existenziellen Fragestellungen interessiert sind.

Die Herausbildung des Begleiters, der zugleich Psychotherapeut und Seelsorger ist, ist das eine. Auf der anderen Seite hat es auch etwas für sich, nicht eine eigene Berufsgruppe zu schaffen, die genau festlegt und Kriterien entwickelt, was denn das Spezifische dieser Gruppe ist – mit dem Ergebnis, dass vor lauter Festlegungen die Dynamik, die in der Aufgabe des Seelenfreundes liegt, gebremst wird. Wichtiger ist es, vom jeweiligen beruflichen Hintergrund her die Möglichkeiten auszuloten, die ich habe oder die mir bleiben, um für eine andere Person ein Seelenfreund oder eine Seelenfreundin sein zu können.

Der Begründer der Gesprächspsychotherapie, Carl Rogers, hat mir einmal Folgendes gesagt: Wenn man wissen will, wie eine Beratung gut verläuft, müsse man beobachten, wohin die Menschen gehen, wenn sie mit jemandem über das, was sie beschwert, sprechen wollen. Das kann in einem Fall eine alte Frau, in einem anderen Fall ein professioneller Berater sein. Wenn du entsprechend wach bist, wirst du neben den sichtbaren, amtlich bestellten, professionellen, potenziellen Seelenfreunden unzählige weitere Seelenfreunde entdecken, die auf den ersten Blick nicht als solche auszumachen sind, die erst durch ihre Gesinnung, ihre Ausstrahlung und ihr Wirken als Seelenfreunde erkennbar sind.

Für dich heißt das: Schau, wo du deinen Seelenfreund entdeckst. Beschränke dich dabei nicht auf die Personen, die die etablierten Kirchen oder therapeutischen Schulen aufzubieten haben. Schau, wohin die Menschen gehen, um Seelenfreundschaft zu erfahren. Wo begegnen ihnen Menschen, bei denen sie spüren, dass diese es echt meinen, an einer wirklichen Seelenfreundschaft interessiert sind? Sie entdecken sie in den traditionellen Helferberufen, aber auch unter Dichtern und Künstlern, in esoterischen Kreisen oder unter ganz einfachen Menschen.

Der Arzt und Therapeut als Seelenfreund

Ich erinnere mich an ein Gespräch mit dem inzwischen verstorbenen geistlichen Schriftsteller Henri Nouwen vor über 20 Jahren. Wir saßen in einem Freiburger Restaurant und ließen es uns bei einem badischen Wein schmecken. Irgendwann fragte mich Henri, ob das gegenwärtige System professioneller Hilfe wirklich das beste sei. Er berichtete davon, dass er sich in einer persönlich sehr schwierigen seelischen Krise an einen Psychotherapeuten gewandt, den Kontakt mit ihm aber bald wieder abgebrochen habe, da die Gespräche ihn nicht weitergebracht hätten. Er sei dann zu einem Freund gegangen, der auch Psychotherapeut war, und die Gespräche, die er mit ihm führte, hätten ihm wirklich weitergeholfen.

Ich war damals noch ein sehr junger und unerfahrener Therapeut und meinte – was er ja längst wusste –, ihn darauf aufmerksam machen zu müssen, wie wichtig die therapeutische Distanz sei und so weiter und so fort. Auch als inzwischen erfahrener Therapeut würde ich das nach wie vor un-

terstreichen. Doch glaube ich heute, Henri Nouwen besser zu verstehen. Ich würde auf seine Frage antworten: Das gegenwärtige System professioneller Hilfe oder auch das Verständnis davon ist oft zu einseitig, zu sehr vom Krankheitsbild her geprägt. Ja, vielleicht ist es tatsächlich nicht immer das Beste. Es gibt Beispiele für andere Formen, die ganz sicher nicht weniger hilfreich, manchmal sogar hilfreicher und besser sind.

Ich denke da an Roland, Psychiater und Analytiker, der seinem Kollegen, dem er sich freundschaftlich verbunden fühlt, gleich am nächsten Tag einen Termin anbietet, als der ihm mitteilt, dass er sich in einer Krise befindet. Er hat sofort dessen große Not gespürt. Er begegnet ihm beim Treffen freundlich, serviert Kaffee und – es ist gerade Advent – Lebkuchen. Er bietet seinem Kollegen einen Platz in einem Sessel an. Er selbst setzt sich so, dass die Vorderseite seiner rechten Sessellehne die rechte Vorderseite des Sessels seines Kollegen berührt. Er lässt den Kollegen erzählen, hört zu, macht da und dort einige Bemerkungen oder fragt nach. Zwischendurch spricht er von sich. Er kennt ähnliche Probleme, erzählt, wie er damit umgeht. Als er ein Medikament zum Einschlafen verschreibt, lässt er nicht unerwähnt, dass er das auch immer wieder einnehme. Er verlässt aber nie die Rolle des Arztes, vergisst nie, dass der Kollege zu ihm gekommen ist. Er jetzt für ihn da ist. Roland ist Arzt, Kollege und so etwas wie ein Freund. Der Kollege kann über alles reden. Es fällt ihm nicht schwer. Er fühlt sich verstanden. Er spürt Rolands Sorge, das Interesse und die Sympathie seines Arztes, Therapeuten und fast schon Freundes. Da ist keine therapeutische Distanz oder Abstinenz, die ich in meinen Therapien pflege und für wichtig erachte.

Am Ende lädt Roland den Kollegen ein, die mitgebrachte Suppe gemeinsam zu essen, die er in der kleinen Küche seiner Praxis aufwärmt. Sie sprechen über dieses und jenes. Dann verabschiedet sich sein Kollege. Er fühlt sich beschenkt. Spürt eine große Dankbarkeit. Jetzt weiß er, er hat erfahren, was ein Seelenfreund ist – dass auch ein Therapeut ein Seelenfreund werden kann.

Henri hätte diese Geschichte gefallen.

Wesentliche Eigenschaften und Fähigkeiten des Seelenfreundes

Dein Seelenfreund ist für dich da

Befindest du dich in seelischer Not und innerer Bedrängnis, ist es ein Segen für dich, wenn es einen Menschen gibt, mit dem du vorbehaltlos über das, was dich bedrängt, sprechen kannst. Wenn jemand da ist, der dir wirklich zuhört. Mit dem du über alles sprechen kannst, ohne Angst haben zu müssen, getadelt oder zurechtgewiesen zu werden. Du eine Atmosphäre vorfindest, in der es dir leichtfällt, dich auszusprechen.

Da gibt es jemanden, der sich Zeit nimmt für dich. Du kannst einfach zu ihm gehen. Du wirst nicht abgeschreckt durch einen Anrufbeantworter, der dich wissen lässt, dass dein gewünschter Gesprächspartner nicht da ist. Du musst nicht erst zwei Wochen warten, bis du zum Gespräch vorgelassen wirst. Da gibt es eine Person, die da ist, Zeit hat für dich, mit dir und bei dir ist.

Wenn es einen solchen Menschen in deinem Leben gibt, dann weißt du, was es heißt, einen Seelenfreund zu haben. Auch wenn der Seelenfreund nicht immer ganz diesem Bild des idealen Seelenfreundes entsprechen wird, ist es ein entscheidendes Kennzeichen eines Seelenfreundes, dass er äußerlich und innerlich für dich da ist, wenn du ihn wirklich brauchst.

Für einen anderen Menschen da zu sein, gehört inzwischen mit zu dem Kostbarsten, was dir ein anderer Mensch anbieten und schenken kann. Wenn du bedenkst, wie kostbar Zeit ist und wie es zunehmend unerschwinglich wird, sie von einem anderen für dich zu beanspruchen, wird dir bewusst werden, welch ein Privileg es für dich ist, im Seelenfreund einen Menschen zu haben, der da ist für dich, der Zeit hat für dich. Ist das nicht das Beste und Persönlichste, was dir jemand anbieten und geben kann?

Dein Seelenfreund ist ein guter Zuhörer

Dein Seelenfreund ist da. Da für dich. Lauscht deinen Worten. Er ist ein guter Zuhörer, der offen ist für Neues, innerlich so frei und unbesetzt von festen Vorstellungen, dass seine Seele sich spontan regen und äußern kann. Aus dieser Haltung heraus benennt er Themen, die er zu entdecken glaubt. Bei seinen Antworten bezieht er all sein Wissen, seine Erfahrungen, seine Intuition, die Meinung anderer mit ein.

Dann sitzt er wieder da und hört zu, schaut, wie es weitergeht, wie ihr weiterkommt, ob euch etwas einfällt. Manchmal ist das der Fall, dann wieder nicht. Er hält mit dir das Nicht-Wissen aus und schaut, wohin es euch führt. Ihr vertraut der Situation, dem Geist, eurer Seele, die euch zusammengeführt hat. Ihr seid bereit, Neues zuzulassen und zu entdecken, von festgelegten, festgefahrenen Vorstellungen, wie etwas zu erreichen ist, Abstand zu nehmen. Lasst euch auf neue Wege ein, traut euch, wagt euch auf neues Terrain vor (vgl. Dass/Gorman 2007, S. 206f.).

»Das Geheimnis von Helfen kann unser Verbündeter, unser Lehrer sein, ein Umfeld für Wundern und Entdecken. Wenn wir in dieser Offenheit helfen, betten sich unsere Handlungen in eine Sichtweise ein, einem größeren Muster, dem wir trauen können. Ruhend in der Position des Beobachters, begrüßen wir das Ergebnis unserer Handlung mit Gelassenheit« (Dass/Goodman 2007, S. 208f.).

Dein Seelenfreund ist sensibel für die Regungen deiner Seele

Dein Seelenfreund ist sensibel für die Regungen deiner Seele. Er besucht gleichsam seine eigene Seele, um die Regungen deiner Seele wahrnehmen zu können. Er hört sozusagen nach innen, ist mit seinem eigenen Innenraum, seiner eigenen Seele in Berührung. Diese Wachheit und Präsenz deines Seelenfreundes kann so weit gehen, dass er in sich selbst deinen unerlösten Teil spürt, als wäre es ein Teil von ihm selbst, den er in sich wahrnehmen kann. Von C.G. Jung wird berichtet, dass er manchmal in seinen Gesprächen wie weggetreten wirkte, wie abwesend. Eine seiner Schülerinnen, Marie-Luise von Franz (2001, S. 53f), schreibt darüber:

Während seine lebhaften dunklen Augen bald anscheinend wohlwollend interessiert bei dem Besucher weilten, schweiften sie bald auch wieder weg, wie nach einem dunklen Hintergrund hinblickend und von dorther nach Antwort spähend. Trotz seinem natürlichen, bescheidenen Wesen fühlte man sich in eine Sphäre des Ahnungsvollen, Zauberischen versetzt und begann plötzlich jene geheimnisvolle Macht zu fühlen, in deren Händen alles menschliche Ge-

schick ruht und von wo Sinn und Unsinn des eigenen We-
sens stammen. Fast nie verließ wohl ein Mensch sein Kon-
sultationszimmer, ohne von jener geistigen Macht des
Unbewussten angerührt worden zu sein und dadurch die
Aufforderung zu fühlen, sich auch seiner Nr. 2 zuzuwen-
den, das unser ephemeres Ich-Bewusstsein trägt, verändert
und ihm den tieferen Sinn verleiht.

Dein Seelenfreund versucht, in dem, was du sagst oder wie
du dich verhältst, den Hintergrund, den Seelenanteil zu
erspüren. Dazu bedarf es einer entsprechenden inneren
Wachheit, einer frei fließenden Aufmerksamkeit, die nicht
auf irgendetwas einseitig konzentriert ist, sondern einfach
empfänglich ist für alles, was mit deiner Seele und ihren
Regungen zu tun haben mag. Da gibt es dann auch kein
»Falsch« und »Richtig«. Da gibt es eine Anmutung, eine
Ahnung, in diesem Wort, in jenem Hinweis deine Seele zu
vernehmen.

Einmal mögen es Angst, Einsamkeit, Gefühle von Sinn-
losigkeit oder Schuld sein, dann Sehnsucht nach mehr
Glück und Zuversicht, die dein Seelenfreund als Regungen
deiner Seele registriert. Oft wird es sich um die wesentlichen Fragestellungen deines Lebens handeln, die von deiner Seele »aufgegriffen« werden. Denn deine Seele rührt
sich vor allem, wenn wesentliche Bedürfnisse übergangen
werden, notwendige psychische Entwicklungsschritte nicht
vollzogen worden sind, aber auch dann, wenn deine Seele
auf ihre Kosten gekommen und daher zufrieden ist. In
einem Fall meldet sie sich in der Krise mit all den Erfahrungen, die damit einhergehen können, wie Verzweiflung,
Angst und Depression. Im anderen Fall zeigt sie sich in der
Erfahrung tiefen Glücks bis hin zur Glückseligkeit.

Dein Seelenfreund schaut tiefer

Als Freund deiner Seele schaut dein Seelenfreund tiefer. Er ist aber keiner – was Psychologen oft zu Unrecht nachgesagt wird –, der die Menschen durchschaut. Keiner, vor dem man sich in Acht nehmen muss, weil er weiß, was man denkt und wer man wirklich ist. Nein! Der Seelenfreund hört sich deine Geschichten an. Er lässt sie auf sich wirken. Er ist innerlich offen dafür, in allem, was er hört und bei dir wie bei sich selbst spürt, einen tieferen Sinn zu entdecken.

Es ist, als würdest du einen Traum in dein Traumtagebuch schreiben, den Traum auf dich wirken lassen, deine Assoziationen dazu aufschreiben und dabei zunehmend spüren, dass da augenblicklich in dir auf einer tieferen Ebene etwas abläuft. Auch die Hinweise, die dein Seelenfreund darin entdecken kann, deuten an, dass in dir etwas am Wirken ist. Noch sind es nur Andeutungen an der Oberfläche, doch tiefer unten läuft der eigentliche Film ab.

Ein Vater begleitet seinen Sohn, der in Frankreich studieren will. Er hat selbst dort studiert und will die ersten Tage dabei sein, um die Formalitäten zu erledigen und sich zu informieren, unter welchen Bedingungen sein Sohn leben wird. Nachdem er zunächst damit beschäftigt ist, alle notwendigen Dinge zu regeln und jetzt Zeit hat, die er gerne mit seinem Sohn verbringen will, muss er feststellen, dass der kein großes Interesse an den Tag legt, gemeinsame Zeit mit ihm zu verbringen. An einer Stelle trifft ihn das so hart, dass er Mühe hat, Contenance zu bewahren, sich zurückzieht und bitterlich weint. Wieder zurück, schaut er mit seinem Seelenfreund die ganze Situation noch einmal an. Es kristallisiert sich dabei heraus, dass er vor fast 30 Jahren, als er

*in Frankreich studierte, das auch deshalb tat, um sich von
seiner Mutter zu lösen, die sich nach der Scheidung von
seinem Vater an ihm festklammerte. Diesmal wird von ihm
verlangt, seinen Sohn loszulassen. Damit wird er brutal
konfrontiert. So sehr, dass es ihm fast das Herz bricht. Der
normale, schon an sich schmerzvolle Ablösungsprozess wird
verstärkt durch die wachgerufenen Erinnerungen an die Zeit
vor dreißig Jahren. Die Erkenntnis, dass in allem, was er in
diesen Tagen erfahren hat, eine tiefere Bedeutung liegt, hilft
ihm, sein Erleben und Verhalten besser akzeptieren zu können. Er sagt sich: »Da läuft etwas auf einer tieferen Ebene
ab. Da klärt sich etwas. Du musst da mitgehen, in etwas
hineingehen, um in deinem persönlichen Wachstumsprozess
weiterzukommen.«*

Der Seelenfreund wird immer wieder versuchen, die Absicht deiner Seele mit dir herauszufinden. Er wird bei
allen deinen Entscheidungen und Erfahrungen das Wirken deiner Seele sehen und sie in einen größeren Kontext einbetten. Überhaupt behält er die größeren Zusam-
menhänge im Auge. Er achtet auf deine augenblickliche
Lebensphase, bezieht mit ein, was sonst noch in deinem
Leben – innen und außen – geschieht. Er verbindet bestimmte Situationen mit anderen Lebensthemen und Le-
benswunden. Denn als Freund der Seele ist er auch der
Freund deiner verwundeten Seele. Entsprechend sensibel
wird er auf deine verwundete Seele eingehen. »Er ist fähig, für die Unwissenden und Irrenden Verständnis auf-
zubringen, da auch er der Schwachheit unterworfen ist«
(Hebräer 5,2). Hier taucht das Bild vom verwundeten
Heiler auf, in dem ein markantes Kennzeichen des Seelenfreundes aufscheint.

So wie der verwundete Heiler seine Wunden verbindet und pflegt, so verbindet und pflegt auch der Seelenfreund deine Wunden, aus eigener Erfahrung wissend, dass offene Wunden stinken und andere abhalten. Er weiß zugleich aber auch, dass du – so Rabbi Abraham Heschel – erst mit einem gebrochenen Herzen ganz Mensch bist. Wenn aber das Herz gebrochen ist, kommt die *Shekinah*, Gottes Anwesenheit, und füllt es aus. Das erinnert an Psalm 34,19, in dem es heißt: »Nahe ist der Herr den zerbrochenen Herzen.«

Dein Seelenfreund kümmert sich um deinen Innenraum

Das Interesse deines Seelenfreundes richtet sich vornehmlich auf deinen Innenraum, den Bereich, den C. G. Jung »Person Nr. 2« nennt. Er hat dort Zutritt. Der Mensch, dem du das Privileg einräumst, diesen Bereich betreten zu dürfen, muss sehr sensibel sein. Es ist der Ort, der sonst nur dir selbst und Gott vorbehalten ist. Er ist dein Allerheiligstes.

Hier lässt du nur den herein, der dessen würdig ist. Bei dem du davon ausgehen kannst, dass er sich der Heiligkeit dieses Ortes gemäß verhalten wird. Es ist der Mensch, dem du vertraust. Von dem du überzeugt bist, dass er dir nicht wehtun wird, dich nicht verletzen will, sondern dass er dein Innerstes mit liebevollen Augen betrachtet und dich dort zärtlich berührt. Es ist der Ort in dir, an dem du eine Ahnung des Ewigen erfahren darfst. Der Ort, an dem du dem Unermesslichen in deiner Mitte personal begegnest. Freilich vorerst noch wie durch ein dunkles Glas, obskur. Auf diesen Ort trifft eine Beschreibung aus dem Alten Testament zu: »Der Ort, wo du stehst, ist heiliger Boden« (Exodus 3,5).

Dein Seelenfreund befasst sich mit heiligen Dingen und ist zugleich Mensch. Er befasst sich mit dem Unendlichen und findet sich selbst in seiner menschlichen Beschränktheit wieder. Das darf er nie vergessen. Zum einen, um nicht plötzlich zu meinen, er sei selbst der Unermessliche; zum anderen, um sich nicht zu übernehmen, zu glauben, er könne mehr tun, als ein Mensch tun kann.

Dein Seelenfreund ist Freund deines Innersten und erkennt dich als ganzen Menschen. Er lässt sich bei seiner Absicht und bei seinem Bemühen, dein Inneres, deine Seele zu erreichen, von dem Wunsch leiten, dich dort anzusprechen und zu berühren. Er versucht das nicht krampfhaft. Es verhält sich damit wie mit dem Wunsch, sich an Träume erinnern zu können. Du darfst dich nicht darauf versteifen, dich unbedingt an deine Träume erinnern zu müssen. Du stellst dich darauf ein, bist daran interessiert, sagst zu deiner Seele: »Ich freue mich, wenn du dich mir über meine Träume zeigst. Ich lade dich dazu ein.« Alles Weitere musst du deiner Seele überlassen.

Als Seelenbegleiter will dein Seelenfreund dazu beitragen, dass du mit deinem Unbewussten und dabei auch mit deinen Schattenseiten in Berührung kommst. Die Kraft, die aus der Freundschaft, dem Wohlwollen und der Liebe, mit denen er dabei vorgeht, erwächst, trägt dazu bei, Unbewusstes zu enthüllen, deine Schattenseiten auszuleuchten. Hier zeigt sich die heilende Kraft, die aus einer Seelenfreundschaft erwachsen kann.

Dein Seelenfreund akzeptiert es, wenn er an Grenzen kommt, in seinem Bemühen, deine Seele zu erreichen, die unbeleuchtete Seite in dir zu entwickeln. Oft weiß er nicht, ob er deine Seele erreicht, deine unbeleuchtete Seite erhellt hat. Es ist ja gerade ein Erkennungszeichen seiner Arbeit als Seelenfreund, dass er es mit dem Unsichtbaren zu tun hat. Er versucht, in deine innere Welt einzutauchen, eine Welt voller Geheimnisse. Er geht dabei behutsam vor, voller Ehrfurcht deiner Seele gegenüber. Er tastet sich zu den Plätzen in deiner Innenwelt vor, die bisher verborgen waren, öffnet Türen, die bisher verschlossen waren. Dabei vergisst er seine Freundschaft mit dir nicht. Sie ist Garant dafür, dass er bei seinem Tun nie von Neugierde oder Voyeurismus geleitet wird. Das schließt ein, dass manche Plätze deiner Innenwelt auch vor ihm verborgen und verhüllt, manche Türen für ihn verschlossen bleiben.

Es ist kein grelles Neonlicht, mit dem er dein Inneres ausleuchtet. Er taucht ein in das kerzendämmrige Licht deiner Seelenwelt, das »Rembrandt-Licht«, wie es John O'Donohue (2008, S. 42) nennt. Ein Licht, das mit seinen warmen, goldbraunen Tönen deiner Seele das Geheimnisvolle lässt und dem Seelenfreund gerade deswegen einen wahren Eindruck von der Tiefe und Substanz deiner Seele vermittelt. Die Tiefe und Substanz der Beziehung zu deinem Seelenfreund wird im Schein des Kerzenlichtes sichtbar. Da bleibt ein Rest von Unbeleuchtetem, Geheimnisvollem, da bleibt manches obskur, undurchsichtig, unausgesprochen, auch, weil manches, was da oder dazwischen ist, unsagbar ist. Es ist das Licht deiner Seele selbst, das da auf eine unverkennbare, einzigartige Weise leuchtet. Jenes Licht, mit dem du auch mithilfe deines Seelenfreundes deinen Alltag, dein Leben beseelen willst.

Mit deinem Seelenfreund kannst du über alles sprechen 8

Sprich mit deinem Seelenfreund über deine Schuld

Wenn du dich schuldig fühlst, fragst du vielleicht: »Wo kann ich über alles sprechen, ohne dass mir jemand gleich mit moralischen Vorhaltungen begegnet?« Du wünschst dir eine Atmosphäre, in der es dir leichtfällt, dich auszusprechen, auch möglicherweise deine Schuld zu bekennen und dabei die Erfahrung machen zu dürfen, nicht verurteilt zu werden.

Eine 35-jährige, unverheiratete Frau wagt es nach langem Zögern, sich zu einem Beichtgespräch bei einem Priester anzumelden. Sie erzählt von ihrer schweren Kindheit, dem Gefühl, nie wirklich Liebe von ihren Eltern erfahren zu haben, von ihrer langen Suche nach Sinn, die sie schließlich in eine eher rigide und fundamentalistisch ausgerichtete Gemeinschaft geführt habe. Gegen Ende des Beichtgespräches erzählt sie, es gebe da noch etwas, das sie bisher noch niemandem gegenüber erwähnt habe. Nach einer langen Pause sagt sie schließlich: »Ich habe abgetrieben.« Drei Jahre waren seitdem vergangen. Damals hatte sie eine Beziehung mit dem verheirateten Leiter dieser Gemeinschaft. Hätte sie die Schwangerschaft ausgetragen, wäre alles aufgeflogen. Das wollte sie dem Kind und sich selbst nicht zumuten.

Für diese Frau ist es wichtig, zu spüren: »Hier kann ich offen über das, was mich bedrückt, über die Schuld, die auf mir lastet, sprechen.« Allein die Tatsache, sich einem anderen Menschen anzuvertrauen, entlastet sie.

Wenn du schuldig geworden bist, wird deine Seele nicht ruhen, bis du dich deiner Schuld stellst und Wege beschreitest, die dich von der Schuldenlast befreien können. Solange du das nicht tust, wird die Schuld weiterhin auf deiner Seele liegen und dich beschweren. Ich meine damit echte Schuld, keine falschen Schuldgefühle, die auf ein überzogenes Über-Ich zurückzuführen oder das Ergebnis einer skrupulösen Einstellung sind. Du magst dich schuldig gemacht haben, wenn du andere betrügst, dich auf ihre Kosten bereicherst, ein gemachtes Versprechen nicht einhältst, anderen bewusst Unrecht oder Leid zufügst. Du magst dich dir selbst gegenüber schuldig gemacht haben, wenn du dich nicht deinem Leben stellst und ständig hinter deinen Möglichkeiten zurückbleibst.

Lass dich von deinem Seelenfreund herausfordern

Wenn du dich schuldig gemacht hast, nagt das an dir. Es lässt dich nicht in Ruhe. Du magst es dir noch so schönreden oder verdrängen. Die Schuld bleibt dir erhalten, die Seelenlast liegt schwer auf dir. Wenn du über eine längere Zeit betrübt bist, kein Interesse oder keine Begeisterung für deine Arbeit aufbringst, kann es sein, dass dich die unverarbeitete Schuld niederdrückt.

Das kann dich dazu motivieren, deinen Seelenfreund aufzusuchen. Seine Aufgabe kann es sein, mit dir herauszufinden, ob es sich um falsche oder echte Schuldgefühle handelt. Er wird das taktvoll tun, den Kontext deiner Lebensgeschichte und deine derzeitige Situation miteinbeziehen. Mit seiner Hilfe kannst du herausfinden, ob du dich in der weit zurückliegenden Vergangenheit schuldig gemacht hast oder durch ein augenblickliches Verhalten schuldig machst. Er kann dir die Augen öffnen, dort ein Schuldbewusstsein wecken, wo du bisher wie selbstverständlich darüber hinweggegangen bist, keine Schuld gesehen hast.

Er wird nicht als Richter auftreten, dir nicht das Gefühl vermitteln, als befändest du dich vor einem Tribunal, vor dem du dich zu rechtfertigen hast. Das aber hindert ihn nicht daran, klar und bestimmt aufzutreten und dich sogar herauszufordern. Zwar ist es möglich, dass du verängstigt dein Verhalten als falsch bewertest und dich dann schuldig fühlst. Doch kann es auch sein, dass du dir im Laufe der Zeit deine eigene Wahrheit zurechtlegst.

Seine Aufgabe ist es nicht, dir Vorwürfe zu machen, etwa, wie einfach du es dir machst, sondern dich liebevoll und bestimmt empfindsam zu machen für das Unrecht, das mit deinem Verhalten verbunden ist. Sein Ziel ist es, in dir ein Gespür für dein unrechtes Tun zu entwickeln, damit du daraus Konsequenzen ziehst.

Stelle dich deiner echten Schuld

Eine Konsequenz kann darin bestehen, deine Schuld zu bekennen. »Da bekannte ich dir meine Sünde und verbarg nicht länger meine Schuld vor dir« (Psalm 32,5). Jetzt ist es gesagt. Du trägst deine Schuld nicht mehr bewusst oder unbewusst mit dir herum. Indem du sie vor Gott bekennst, sprichst du sie im wahrsten Sinne des Wortes aus dir heraus. Sie verliert bereits jetzt etwas von ihrer bedrückenden, dich niederdrückenden Last. Du stellst sie vor dich hin, sodass du ihr ins Angesicht sehen kannst. Du machst dir nicht länger etwas vor.

Im Zugeständnis, dich schuldig gemacht zu haben, wirst du aktiv. Du überlässt dich einer anderen Dynamik als bisher. Du lässt deine Schuld nicht länger einfach in dir und auf dir liegen wie eine Last. Du trittst in eine Beziehung zu ihr. Du stellst dich ihr. Stehst zu ihr. Du zeigst Farbe. Was vorher unterentwickelt, dunkel in dir sein Dasein fristete, bekommt Konturen, wird gut sichtbar und erkennbar. Vielleicht denkst du: »Ja, da habe ich mich schuldig gemacht. So sieht meine Schuld aus.«

Jetzt tritt deutlich zutage, wie du dich schuldig gemacht hast, dass du anderen oder dir Schaden zugefügt hast – materiell, seelisch oder ideell. Durch deine Unwahrhaftigkeit hast du das Vertrauen, das dir andere entgegenbringen – Partner, Kinder, Freunde, Kollegen, Geschäftspartner –, beschädigt. Durch ein unverantwortliches Verhalten gegenüber deiner Umwelt machst du dich schuldig an deinen Mitmenschen und Nachkommen, indem du mit dazu beiträgst, dass ihre Lebensbedingungen erheblich schlechter werden. Durch die Vernachlässigung deines Leibes und deiner Seele machst du dich dir selbst gegenüber schuldig, da du dir dadurch Schaden zufügst, Raubbau an dir selbst treibst, innerlich ausbrennst. Wenn du glaubst, den Göttern gleich zu sein und entsprechend handelst, so machst du dich durch dein mitunter unverantwortliches, grandioses Verhalten schuldig. Du machst dich aber auch schuldig gegenüber einer größeren Macht, der du damit den nötigen Respekt und die nötige Reverenz verweigerst.

Bringe ans Licht, was vorher im Dunkeln schmachtete

Wenn du zu deiner Schuld stehst, ist der erste notwendige Schritt getan, um von deiner Schuldenlast befreit zu werden. Du bringst etwas ins Rollen, ergreifst die Initiative. Du bringst ans Licht, was vorher im Dunkeln schmachtete. Wenn du deine Schuld dir selbst, anderen Menschen und schließlich Gott gegenüber bekennst, nimmt das deiner Schuld die Schwere. Das eröffnet den weiteren Weg, der beschritten werden muss, um ganz befreit zu werden von der Schuld. So geht es jetzt darum, hinzuschauen: »Welche Konsequenzen ergeben sich aus meiner Schuld? Welche Möglichkeiten habe ich, etwas wiedergutzumachen?«

Es erfordert manchmal mehr Mut, einem Menschen gegenüber seine Schuld zu bekennen. Zu sehr steht oft die Furcht im Vordergrund, vom anderen verurteilt oder zumindest beurteilt zu werden. So bedarf es manchmal eines großen Mutes, diesen Schritt zu wagen. Es sei denn, ich weiß, dass ich in der anderen Person eine Seelenfreundin habe, vor der ich keine Furcht haben muss. Vor der ich mich nicht schämen muss.

Vertraue deinem Seelenfreund alles an

Dem Seelenfreund kannst du alles anvertrauen. Ihm gegenüber kannst du alles bekennen, ohne Einschränkung. Er darf teilhaben an deinem Innersten, darf alle deine Gedanken erfahren. Er wird zum Zeugen deiner tiefsten Sehnsüchte wie deiner größten Verfehlungen. Vor dem Seelenfreund musst du nichts verschweigen. Für ihn steht die Tür zu deiner Seele offen. Er darf in dein Innerstes, dein Heiligtum eintreten. Seine Freundschaft, seine Sorge für dich, seine Liebe zu dir machen es dir leicht, ihn an deinem Innersten teilhaben zu lassen. Ja, es ist dir eine Freude, es bereitet dir Genugtuung, es ist dir ein Verlangen.

Welch ein Segen. Da gibt es jemanden, dem du dich ganz und gar anvertrauen kannst, in dessen Gegenwart du dich sicher fühlst und keine Angst verspürst, bewertet oder gar verachtet zu werden. Vor ihm kannst du alles, was dich belastet, aussprechen. Ihm gegenüber kannst du alles bekennen, ohne etwas beschönigen zu müssen, was du falsch oder wo du dich schuldig gemacht hast. In der Aussprache und im Bekennen beginnt dabei schon das Lossprechen.

Versöhnung und Wiedergutmachung sind Herzensangelegenheiten, bei denen ein Seelenfreund dein Begleiter sein kann. Hier bieten sich viele Möglichkeiten der Versöhnungsarbeit an, in denen ein Seelenfreund mitwirken kann. Zum Beispiel die Beichte. Der Begleiter, der das Sakrament der Versöhnung als eine Herzensangelegenheit verstehen kann, leistet die Praxis der Beichte als Seelenarbeit.

Das Sakrament der Versöhnung, ein sichtbares Zeichen unsichtbarer Gnade

Der Begriff des *Anam Cara*, des Seelenfreundes, taucht in der keltischen Kirche vor allem im Zusammenhang mit der Beichte auf. Jeder sollte einen solchen Seelenfreund haben. Nicht selten waren es auch Frauen, die als Seelenfreundinnen zur Verfügung standen. Bis dahin, dass man bei ihnen die Beichte ablegen konnte. Wohl bis ins

13. Jahrhundert durften Laien die Absolution erteilen. Im Wesentlichen aber waren die Seelenfreunde Begleiter und Begleiterinnen ohne sakramentalen Auftrag (vgl. Leech 1977, S. 50f.).

Der französische Philosoph Blaise Pascal schreibt: »Die katholische Religion verpflichtet nicht dazu, seine Sünden ohne Unterschied aller Welt zu bekennen; sie duldet es, dass man damit vor allen Menschen verborgen bleibt; aber sie nimmt einen einzigen aus und befiehlt, dass man diesem den Grund seines Herzens offenlege und sich ihm zeige, wie man ist. Nur diesen einzigen Menschen auf Erden müssen wir enttäuschen. Ihn aber verpflichtet sie unverbrüchlichem Geheimnis, sodass diese Kenntnis in ihm verharrt, als hätte er sie nicht. Lässt sich etwas Liebevolleres und Milderes vorstellen?« Dieser eine kann der Seelenfreund sein, der zu unverbrüchlichem Geheimnis verpflichtet ist, sodass diese Kenntnis in ihm verharrt, als hätte er sie nicht.

Im Rahmen einer Beichte spricht dich der Beichtvater mit folgenden Worten von deinen Sünden los: »*Ego te absolvo a peccatis tuis in nomine Patris et Filii, et Spiritus Sancti – Ich spreche dich frei von deinen Sünden im Namen des Vaters, des Sohnes und des Heiligen Geistes.*« Er kann dir dabei zum Seelenfreund werden, und im Idealfall sollte er auch ein Seelenfreund sein, demgegenüber du keine Hemmung hast, deine Schuld und deine Sünden zu bekennen.

In der keltischen Tradition wurde großer Wert darauf gelegt, dass es kein Gefälle zwischen dem Beichtvater und dem Bekennenden gibt. Er sollte, so unzulänglich er das auch zu leisten vermag, in diesem heiligen Akt, dem Sakrament der Versöhnung, an die Stelle Gottes treten, deinem einzigen und besten Seelenfreund.

Das Sakrament ist »ein sichtbares Zeichen unsichtbarer Gnade« (O'Donohue 2008, S. 65). Es vollzieht sich ein heiliges Geschehen, bei dem unsichtbare Kräfte auf unbeschreibliche Weise auf uns einwirken. Das Heilige, der Heilige Geist berührt dich. Der Unsichtbare macht sich sichtbar, und wenn du dich berühren lässt, wird er fühlbar und spürbar. Du nimmst teil an einem heiligen Geschehen, bei dem die Freundschaft Gottes mit dir zum Ausdruck gebracht und gefeiert wird. Das Sakrament der Versöhnung ist mit einem heiligen Kuss (Römer 16,16) vergleichbar, sinnlich und übersinnlich zugleich, bei dem sich Endliches und Unendliches, du als endlicher Mensch und der unendliche Gott innigst begegnen.

Dein Seelenfreund hält sich in dieser Situation respektvoll zurück. Er ist nur Vermittler und trägt das Seine dazu bei, diese Erfahrung zu ermöglichen. Er ist aber nicht der Macher. Zugleich ist er aber auch beteiligt an einem intimen Vorgang. Du schließt dich im Sakrament der Versöhnung wieder an den göttlichen Kreislauf an, der durch deine Schuld unterbrochen und gestört wurde. Jetzt hält dich nichts mehr davon ab, dich wieder – befreit von Schuld und Pein – einzuklinken in den göttlich-menschlichen Liebesaustausch. Du tust dir damit etwas Gutes. Du reinigst dich von dem Gift, das in dir fließt und wirkt, solange du dich nicht mit deiner Schuld auseinandergesetzt hast. Du bist dir damit selbst dein bester Seelenfreund. Deine Seele dankt dir deine Freundschaft, indem sie dich nicht länger durch Angst, Depression und Verunsicherung an deine Schuld erinnert. Sie dankt es dir, indem sie dir Erleichterung verschafft, dich in die Freiheit versetzt, die damit einhergeht, wenn du nicht länger etwas mit dir herumträgst, was dich beeinträchtigt und dir die Freude am Leben raubt.

Im Bekennen bahnst du der Liebe den Weg zu dir

Im Bekennen deiner Schuld bahnst du der Liebe den Weg zu dir. Solange du nicht zu deiner Schuld stehst, liegt ein Schatten über dir, der deine Beziehung zu dir überschattet. Vergleichbar mit einem Stein, der dir den Zugang zu deiner Seele verstellt, bis du handelst, aufstehst, zu dir stehst, den Stein auf die Seite schleuderst und *deine* Auferstehung stattfindet. Deine Befreiung.

Im Letzten geht es dabei um die Versöhnung mit dir selbst, deinen Mitmenschen und schließlich auch mit Gott. In dem Wort »versöhnen« steckt das Wort »suene«, Sühne, was bedeutet: Frieden schließen mit sich selbst, sich selbst küssen. Du kannst dich – wieder – annehmen, auch mit deiner Unvollkommenheit, weil du wieder Zugang gefunden hast zu der Erfahrung, von Gott geliebt zu sein. Was vorher den Zugang zu dieser Erfahrung versperrte, ist durch das Bekennen deiner Schuld, das Erwachen deines Bedauerns darüber, deine Reue, weil es dir wirklich weh-tut, es dir wirklich leidtut, beseitigt worden. Du spürst, wieder von Gott geküsst zu werden, seine geliebte Tochter oder sein geliebter Sohn zu sein.

Ein Beichtgespräch vor vielen Jahren werde ich nie vergessen. Am Ende der Beichte betete mein Gesprächspartner, der für mich in dieser Begegnung zum Seelenfreund geworden war, mit mir das Vaterunser. Ganz langsam, jeden Satz bewusst aussprechend. Bei den Worten »Dein Wille geschehe« hielt er länger inne. Schließlich segnete er mich und umarmte mich. Später habe ich bei Hermann Hesse eine Erzählung über eine ähnliche Beichtpraxis gefunden. Sie handelt von dem Beichtvater und Einsiedler Josefus Famulus, der dem Bekennenden nach der Beichte nichts sagt, sondern sich niederkniet, mit ihm das Vaterunser betet, ihm den Bruderkuss gibt und sich vor ihm verneigt, bevor er ihn verlässt.

Wenn du die Beichte als ein Versöhnungsgespräch erfahren darfst, weißt du, was du dir vergibst, wenn du auf eine solche Erfahrung, ein solch wunderbares Angebot verzichtest. Ich kann alles, was in diesem Gespräch geschieht, rein menschlich erklären. Ich kann mir sagen: »Da hat mir jemand zugehört, mich verstanden, sich empathisch mir zugewandt. Das hat mir gutgetan, mir Erleichterung verschafft.« Das stimmt alles. Und dennoch: Die Worte »Dein Wille geschehe« machten mir bewusst, dass mitten unter uns ein Dritter anwesend war. Der innigste Seelenfreund. Die ganze Zeit schon, während wir beisammen waren. Der, der für uns, für dich da ist. Immer. Bedingungslos. Dessen Dasein für dich in echter Begegnung lebendig wird, zum Fleisch wird. Nach dem Mystiker Thomas Merton muss man nur zwei Voraussetzungen erfüllen, um der Barmherzigkeit Gottes teilhaftig zu werden, nämlich, dass man ein Mensch und ein Sünder ist.

Dein Seelenfreund als spiritueller Ratgeber

9

Dein Seelenfreund lädt dich zum Schweigen ein

»Geh und setze dich hin in deiner Zelle, und deine Zelle wird dich alle Dinge lehren«, antwortet Abt Romuald einem Bruder, der ihn um Rat fragt. Es ist die Aufforderung zum Schweigen. Ein solcher Rat könnte auch von deinem Seelenfreund stammen. Er lädt dich immer wieder zum Schweigen ein. Das Schweigen ist ein wunderbarer Freund der Seele. Im Schweigen enthüllt sich das Tiefe, das Unsagbare in dir.

Es handelt sich dabei nicht um ein peinliches Schweigen. Es ist ein fruchtbares Schweigen, das dich vor der Oberflächlichkeit und dem bloßem Enthüllen und Ausdrücken von Worten und Gefühlen bewahrt, losgelöst von dem Humusboden deiner Tiefe, deiner Seele. Ein Schweigen, das hütet, was nicht ins grelle Neonlicht gezerrt werden möchte, sondern in der warmen, vom Kerzenlicht erleuchteten Atmosphäre erst wahrhaft erkannt wird.

Der Seelenfreund macht dir Mut, Stille auszuhalten. Die Pausen bieten die Gelegenheit, mit dem Fluss deines wirklichen Selbst in Kontakt zu kommen. Das gilt für dich wie für den Seelenfreund. Wie oft ist das, was du sagst, weit entfernt von deinem eigentlichen Selbst, dem Fluss deines wirklichen Empfindens und Fühlens. Pausen und Schweigen laden dich ein, wieder mit dem Strom deiner Selbstwahrneh-

mung in Berührung zu kommen, tiefer zu gehen, dir das
Fließen deines inneren Stromes bewusst zu machen. Die
Stille lädt dich dazu ein, gegenwärtig zu sein und aus dieser
Gegenwärtigkeit heraus dir und anderen zu begegnen.

Alles Grelle, Laute, auf Wirkung Bedachte hat hier
keinen Platz. Es ist allein das Schweigen, das in das Unsagbare, das Obskure, das Geheimnisvolle einzusickern vermag. Es ist dein eigenes Schweigen, das es auszuhalten gilt,
dem es die Führung zu überlassen gilt. Es ist das Schweigen des Seelenfreundes, der zusammen mit dir das Schweigen aushält. Er ermutigt dich, dich von nichts ablenken zu
lassen, auch wenn du fälschlicherweise annimmst, dadurch
vielleicht schneller ans Ziel zu gelangen. Nichts ist Gott so
ähnlich wie das Schweigen, sagt Meister Eckhart.

Dein Seelenfreund ist sensibel für die Anwesenheit einer höheren Macht

Der Seelenfreund durchschaut dich nicht. Er schaut
zusammen mit dir in deine Tiefe. Er taucht in deine Innenwelt ein, soweit du es ihm ermöglichst. Aber er schaut
nicht nur in deine Innenwelt, sondern auch in seine, um
dort den Sinn dessen erkennen zu können, was bei dir und
in dir geschieht. Er taucht weiter ein in die unsichtbare
Welt und Sphäre, in der das Schicksal waltet, in der eine
unsichtbare Hand und Macht, Gott selbst, wirkt.

Dein Seelenfreund ist sensibel für die Anwesenheit
Gottes. Er ist zumindest offen dafür, hat sich darauf einge-
stellt, das Wirken des Heiligen Geistes wahrzunehmen. Er
tut das nicht auf eine plumpe, demonstrative, billige Weise.
Er spricht nicht zu schnell, zu undifferenziert, zu ober-

flächlich von Gott oder seinem Wirken. Er zögert nicht, darauf aufmerksam zu machen, wenn er das Wirken und Wollen Gottes, das Wehen seines Geistes verspürt. Er ist hellhörig und hellfühlig für das Numinose, das Heilige. Er sorgt dafür, dass es nicht übersehen und übergangen wird, sondern gewürdigt und zugelassen, als Erfahrung ausgekostet wird.

So ist dein Seelenfreund Anwalt für das Heilige in dir. Er schenkt dem Numinosen seine Aufmerksamkeit und macht dadurch deutlich, dass diesen Erfahrungen eine große Bedeutung zukommt. Er trägt dafür Sorge, dass du diese Erfahrungen nicht übersiehst, den Bezug dazu nicht verlierst. Er ermutigt dich, eine positive Haltung zu numinosen Erfahrungen einzunehmen, deine Sensibilität dafür zu schärfen, sodass du im Alltag oder in besonderen Situationen Momente numinoser Erfahrungen erlebst und dich davon bereichern lässt. In der Seelenfreundin hast du eine Freundin, die dich dabei unterstützt, dein Leben tiefer zu sehen und zu erfahren. Sie hilft dir, nicht in der Analyse stecken zu bleiben und dabei das Entscheidende zu übersehen.

Manchmal wird dein Seelenfreund nur staunend verweilen können, überwältigt von der Anwesenheit und dem Wirken Gottes, das er in deinem Leben entdecken darf. Er stimmt dann in seinem Herzen ein in Schuberts Gesang: »Staunen nur kann ich und staunend mich freu'n; Vater der Welten, doch stimm ich mit ein: ›Ehre sei Gott in der Höhe!‹« In diesem Lied drückt er sein Empfinden und seine Dankbarkeit aus. Springt der Funke über, findet sein Staunen in dir ein Echo, steckt es dich an – so singt ihr zusammen in euren Herzen: »Staunen nur kann ich und staunend mich freu'n.«

Dein Seelenfreund verfügt über ein tieferes Wissen

Der Seelenfreund verfügt über ein Wissen, das man nicht in der Schule und an Universitäten lernt. Es ist ein Wissen anderer Art. Es ist ein Wissen, das einem tieferen Sehen-können gleichkommt. Ein Wissen, das die Seite des Offensichtlichen, des Sichtbaren kennt und würdigt, doch nicht dabei stehen bleibt. Dieses Wissen entstammt der Welt des Unbewussten und Unsichtbaren. Es ist ein Wissen, das sich uns in der Tiefe unseres Herzens offenbart. Es ist ein Geschenk der Nacht, in der wir das *sehen*, erahnen, was wir im Licht des Tages übersehen würden. Es ist ein Erfahrungswissen, das sich im Dunkeln unseres Seins, in der größten Tiefe unseres Grundes regt. Dort steht es uns zur Verfügung. Oft haben wir den Bezug zu diesem Wissensschatz verloren. Zu sehr sind wir geblendet vom Licht des Tages oder reduziert auf die Sprache der Vernunft. Der Zugang zu unserem tieferen Wissen, das im Dunklen, in den Tiefen der Seele liegt, fällt uns dann schwer. Solange wir keinen Zugang zu diesem Wissen haben, bleibt dieser Schatz in uns verborgen. Es bleibt uns damit ein tieferes Wissen um uns selbst, ein tieferes Erkennen unserer selbst vorenthalten.

Auch wenn es uns schwerfällt oder manchmal einfach fernliegt, dieses tiefere Wissen für uns fruchtbar zu machen – es steht uns nach wie vor zur Verfügung. Es bedarf unserer Intuition und unserer Bereitschaft, jene Fähigkeiten zuzulassen und ernst zu nehmen, die in der Lage sind, unser Innerstes zu ertasten und so für uns erfahrbar zu machen. Im Seelenfreund hast du einen Menschen, der dir dabei hilft, wieder einen Zugang zu diesem Wissen zu erlangen.

Dies geschieht, wenn du in die Welt deiner Träume eintauchst und dich dem öffnest, was sie dir sagen wollen. Oder du liest die alten, heiligen Schriften und lässt dich von ihnen in eine Welt führen, die aus dem Stoff der Ewigkeit geschaffen ist. Im Meditieren gehst du zu deinem Grund und überlässt dich einfach der Tiefe in dir. Du lässt dich auf eine Erfahrung ein, die dir eine Ahnung von der Ewigkeit in dir vermittelt. In der Stille, im Innehalten und Versenken in deine Tiefe mag sich dir dieses tiefere Wissen erschließen.

Es ist ein Wissen, zu dem du manchmal erst wieder einen Zugang gewinnst, wenn du nicht länger an der Oberfläche hängen bleibst, sondern den Durchbruch in deine Tiefe wagst und dabei verwandelt wirst. Dein Sehen und Erkennen erhält dann eine andere Qualität. Du verfügst jetzt über ein Wissen, das eingetaucht ist in eine mystische, geheimnisvolle Sphäre und Atmosphäre, die dich die Dinge und Menschen besser und tiefer sehen und erkennen lässt. Nicht länger herrschen das grelle Neonlicht des Verstandes und die nüchterne, analysierende, beobachtende Sichtweise vor. Es ist das geheimnisvoll wirkende Kerzenlicht der Seele, das dir ein tieferes Verständnis und Wissen vermittelt, auch weil es Geheimnisvolles geheimnisvoll sein lässt. Es ist mit dem gelbbraunen Licht in Rembrandts Werken vergleichbar, das durch das vorsichtige Arbeiten mit Schatten eine geheimnisvolle Atmosphäre vermittelt, durch die unsere Seele sich Ausdruck verschafft.

Dein Seelenfreund taucht in die unsichtbare Welt und Sphäre ein

Der Seelenfreund war in der keltischen Tradition nicht nur Beichtvater, sondern oft auch Wahrsager, Zauberer. Er besaß so etwas wie einen sechsten Sinn. Er konnte die Feen sehen. Das wird heute vom Seelenfreund nicht erwartet; ebensowenig muss er Schamane oder Medizinmann sein. Doch wenn er über entsprechende Fähigkeiten verfügt, kann er diese miteinbringen. Der Seelenfreund ist jemand, der mit deinem Hintergrund Kontakt aufnimmt.

Eine Farm, das Haus eingerichtet mit Möbeln aus Großbritannien. Da sitzt sie, etwa 60 Jahre alt, Krankenschwester und Psychologin. Sie lebt seit vielen Jahren hier in diesem kleinen Ort in Nordkalifornien. Sehr schnell merke ich: Diese Frau lebt hier und in einer anderen Welt. Ihre Hühner sind ihre »Girls«. Vor einigen Wochen hat sie sich um ein Muli, eine Kreuzung aus Esel und Pferd, gekümmert, das schwer krank war. Den krebskranken Hund, dem wir begegnen, bezeichnet sie als eine große Persönlichkeit im Körper eines Hundes. Auf ihrem Wohnzimmertisch liegt ein Buch mit dem Titel »A Quest for Eternity – Die Suche nach der Ewigkeit«. Ihre Mutter, so berichtet sie, habe die Fähigkeit besessen, Kobolde zu sehen. Ellie wirkt auf mich wie jemand, der tiefer schauen kann. Ihr Blick geht nach innen. Man mag geneigt sein, Ellie als »etwas eigenartig« zu bezeichnen. Manche würden vielleicht sogar so weit gehen, zu sagen, sie sei »spinnig«. Man würde ihr damit nicht gerecht werden. Vielleicht würde das mehr über sich selbst verraten: Nämlich, dass einem die Fähigkeit fehlt, sensibel zu sein für das Übersinnliche, das üblicherweise Unsichtbare.

Ein Seelenfreund, der sensibel ist für das Unsichtbare, kann diese Fähigkeit bei seiner Begleitung miteinbeziehen. Er muss nicht gleich die Kobolde oder Geister sehen können. Allein diese Fähigkeit wird ihm zugute kommen bei seinem Bemühen, mit dem Unsichtbaren, der Seele in dir in Berührung zu kommen. In einem Scherzwort heißt es: »Metaphysik ist, wenn ein Stockblinder in einem stockdunklen Zimmer einen stockschwarzen Kater sucht, der gar nicht drinnen ist.« In ihrem Roman »Der Kranz der Engel« geht Gertrud von le Fort auf dieses Scherzwort ein, fügt aber hinzu: »Aber der Kater ist eben doch drinnen, weil jedes Diesseits von der Kraft des Jenseits lebt.«

Es gibt diese Wirklichkeit, diese Welt des Jenseits, des Ewigen, des Grenzenlosen. Du wirst diese Welt nie sehen. Du wirst sie nie anfassen können. Dennoch gibt es sie. Sie ist für dich nicht weniger bedeutungsvoll als die anscheinend reale Welt, die dich umgibt, in der du tagein, tagaus lebst, arbeitest und bist. Diese Welt des Jenseits, des Ewigen ist allemal bedeutsamer als die sogenannte virtuelle Welt des Films oder des Internets, die du noch weniger anfassen kannst als die Welt des Jenseits und des Ewigen.

Der Seelenfreund weiß, dass es zwischen Himmel und Erde Dinge gibt, die unerklärbar, unerforschbar bleiben. Er verschließt sich nicht den übersinnlichen Erfahrungen, er glaubt an Wunder, an das Zusammentreffen von Ereignissen, die von Menschen nicht bewirkt werden können. Er lässt sich nicht davon beeindrucken, wenn man ihn deshalb belächelt.

Doch auch der erfahrene Seelenfreund wird immer wieder an den Punkt gelangen, bei dem er nicht mehr als eine Anmutung von dem registriert und spürt, was deine Seele vorhat, welchen letzten Sinn diese Situation oder jenes Ereignis in deinem Leben hat, worin letztendlich deine Bestimmung besteht. Auch für ihn gilt, dass er jetzt nur wie »durch ein dunkles Glas« sieht, was einst ganz erkannt sein wird. Er kann sich glücklich schätzen, wenn er da und dort, in den Ereignissen und Widerfahrnissen deines Lebens die Fingerabdrücke Gottes entdeckt.

Der Seelenfreund setzt sich selbst nicht unter Druck während seiner Begleitung. Er tut, was er kann. Er tut sein Bestes. Sosehr er auch offen und bemüht ist, das Wesentliche, den tieferen Sinn in dir zu entdecken, so weiß er dennoch um seine Grenzen und akzeptiert sie. Er glaubt nicht, ein Meister darin zu sein, mehr in dir sehen und entdecken zu können als andere. Das würde ihn wegführen von dir und deiner Seele.

In der Seelenfreundschaft ist Platz für einen Dritten

Wenn dein Seelenfreund dich begleitet, solltest du nicht nach außergewöhnlichen Erfahrungen Ausschau halten. Es wird Augenblicke geben, in denen euch bewusst wird: Es sind nicht nur wir beide, die jetzt da sind. Da ist noch ein Dritter präsent. Die im brennenden Dornbusch ausgesprochene Offenbarung Gottes »Ich bin der, der für dich da ist« (Exodus 3,14), von der wir im Alten Testament hören, wird hier konkret erfahrbar.

Es ist gar nicht viel mehr: Es ist das Wissen um seine Anwesenheit. Der Seelenfreund tut, spricht, was er sonst auch tut und spricht. Er gibt sein Bestes. Zugleich wisst ihr um Gottes Anwesenheit und sein Wirken. Er ist mittendrin im Geschehen. Ihr könnt nichts tun, sondern müsst einfach nur Gott wirken lassen. Ihn, den Geist, die »ruach«, eure Seele berühren lassen. Nicht glauben, es für ihn, an seiner Stelle tun zu müssen. Nicht dazwischenfunken, nicht durch Reden, Deuten, Analysieren den Augenblick verpassen. Wenn der Geist, die »ruach«, die Seele anrührt, zärtlich berührt, wirkt eine »heilige, heilende und das Heil bringende Kraft«.

Wenn übrigens die Indianer vom Medizinmann sprechen, denken sie dabei nicht an ein Medizinfläschchen, sondern an diese heilige, heilende, das Heil bringende Kraft (vgl. Kreppold 2000, S. 15). Dabei handelt es sich um eine Erfahrung, die in sich und aus sich heraus wirkt. Wie ein Traum, der auch ohne Deutung wirkt, nachwirkt, etwas mit dem Träumenden macht. Es ist vor allem aber eine Erfahrung. Ich spüre in diesem Augenblick etwas. Ich werde tief drinnen in mir berührt, und dieses Berühren löst etwas aus, das mich verändert. Was hier geschieht – frage mich nicht. Ich weiß es nicht. Dass etwas geschieht, davon bin ich überzeugt.

Teil III

Der Seelenfreund
in Übergängen
deines Lebens

Doch da alles Irdische gebrechlich und hinfällig ist, müssen wir stets nach Menschen suchen, die wir lieben und von denen wir geliebt werden können. Sind Liebe und Wohlwollen nämlich dahin, so ist alle Annehmlichkeit aus dem Leben genommen.

Cicero, Über die Freundschaft

Der Seelenfreund als Anwalt deiner Bestimmung

10

Dein Seelenfreund erinnert dich an die Melodie deines Herzens

Der Seelenfreund ist der Mensch, der dich an die Melodie deines Herzens, deiner Seele erinnert, wenn du dabei bist, diese Melodie zu vergessen. Er ist der Anwalt deiner Bestimmung und Berufung. Er kennt die Melodie deiner Seele, dein Erkennungszeichen, dein Passwort. Er weiß, dass du nur dann glücklich und zufrieden sein wirst, wenn du ihnen folgst, dein Passwort lebst.

Als ich 21 Jahre alt war und mich mit der Frage auseinandersetzte, in welche Richtung ich beruflich gehen sollte, wünschte ich mir den damals sehr bekannten Theologen Karl Rahner als Seelenfreund. Ihm traute ich zu, dass er mir weiterhelfen könnte. In einer gewissen Weise ist Karl Rahner tatsächlich ein Seelenfreund für mich gewesen. Ich habe ihn 1972 in München besucht und mit ihm über viele Dinge gesprochen, die mich damals beschäftigten. Als ich ihm sagte, dass ich Theologie studieren wolle, mit dem Ziel, Priester zu werden, schenkte er mir einen Band seiner Theologischen Schriften und den Klassiker von Neuner-Roos. Später traf ich ihn noch einige Male. Obwohl er mich nicht wirklich kannte, war er mir vertraut. Das gilt bis heute, wenn ich ihm in seinen Schriften begegne. Die Nacht, in der er starb, war die bis dahin schrecklichste meines Lebens. Eine Nacht der Gottesgeburt, eine Nacht, in der ich dachte, seelisch sterben zu müssen. Erst am nächsten Tag erfuhr ich, dass Karl Rahner in dieser Nacht gestorben war. Mein Innerstes hatte Abschied genommen von einem Seelenfreund.

Wenn du erspüren und erkennen willst, was deine Bestimmung ist, ist es wichtig, dein Inneres miteinzubeziehen. Es gibt viele äußere Bedingungen und Einflüsse wie deine Sozialisation und Erziehung, die dabei eine Rolle spielen und mitzubedenken sind. Doch die letzten Antworten auf deine Fragen »Wozu bin ich da? Was ist meine Bestimmung?« müssen aus deinem Innersten aufsteigen.

Dort vernimmst du deine tiefsten Sehnsüchte. Mit deinem Innersten kommst du in Kontakt durch das Meditieren, durch die Begegnung mit der Natur, durch deine Träume, aber auch im Austausch mit deinem Seelenfreund. Im Gespräch mit ihm geht es darum, deinem Innenraum, deiner Seele und den Regungen und Botschaften, die von dort ausgehen, besondere Aufmerksamkeit zu schenken.

Oft wirst du lediglich eine Ahnung deines Lebenstraumes, deiner tiefsten Sehnsüchte haben. Auch wird in der Art und Weise, wie du denkst, was du bevorzugst und praktizierst, bereits etwas von dem angedeutet, was in dir leben und zum Ausdruck gebracht werden will. Doch vieles bleibt auch undeutlich oder unverständlich. Da ist es gut, einen Seelenfreund zu haben, der dir dabei hilft, für dich herauszufinden, was deine Bestimmung ist. Der bekannte

Benediktinerpater Willigis Jäger erzählt, er habe nach Japan gehen und sich dort einen Lehrer suchen müssen, um sich das, was er in sich schon sehr früh als mystische Erfahrung spürte, erklären und deuten zu lassen.

Dein Seelenfreund begleitet dich bei der Entfaltung deines Lebenstraumes

Der, der du bist oder zu sein glaubst, bedarf der Bestätigung durch andere Menschen, die dich gut kennen. Das gilt auch für deine Berufung und Bestimmung. C.G. Jung würde von »Mythos« sprechen, auch weil sich in deiner Berufung deine tiefste Identität zeigt oder zeigen sollte.

Dein Seelenfreund oder deine Seelenfreundin begleitet dich und hilft dir, herauszufinden, was deine Berufung ist. Als Freundin deiner Seele richtet sie ihren Blick vornehmlich auf deine Seele. Sie taucht in deine innere Welt ein, ist dir dabei ganz nahe. Zugleich verfügt sie aber auch über die notwendige Distanz, die es ihr ermöglicht, kritisch und auch von außen her zu betrachten, was in dir geschieht und wie es nach außen hin wirkt.

Dein Seelenfreund kann durch sein einfühlsames, vorbehaltloses Hinhören und Hinspüren gemeinsam mit dir entdecken, was deine tiefste Sehnsucht ist. Jedes manipulierende Vorgehen wäre unverantwortlich. Es bedarf der Ehrfurcht vor deinem Geheimnis, immer mitbedenkend, dass du dem Geheimnis des dir zugedachten Weges erst auf die Spur kommst, wenn du dich deinem Selbst und darin zugleich Gott überlässt.

Der Seelenfreund ist dabei an deiner ganzen Person interessiert – an deiner inneren und äußeren Welt. Er sorgt dafür, dass beide Bereiche beachtet werden. *Da* zum Beispiel ist die Sehnsucht, mein Leben in besonderer Weise in den Dienst der Menschen zu stellen oder jemand zu sein, der auf die Dimension des Ewigen hinweisen will oder der Wunsch, in die Politik zu gehen und so weiter. *Dort* sind die äußeren Gestaltungs- und Berufsmöglichkeiten, mit denen diese Sehnsucht auf ganz unterschiedliche Weise und unter ganz bestimmten Bedingungen »umgesetzt« werden kann.

Der Seelenfreund kann mithelfen, herauszufinden, in welchem Beruf, in welchem Rahmen deine tiefste Sehnsucht verwirklicht und umgesetzt werden kann. Er kann dir helfen, herauszufinden, wo du deine Sehnsucht zum Beispiel durch ehrenamtliche Tätigkeiten oder Hobbys leben kannst, wenn die mit bestimmten Berufen verbundenen Bedingungen nicht erfüllt werden können oder einfach kein entsprechendes Angebot, kein entsprechender Arbeitsplatz zur Verfügung steht.

Dein Seelenfreund erinnert dich an deine Bestimmung

Dein Seelenfreund tritt nicht nur in Aktion, wenn es darum geht, deine Bestimmung herauszufinden. Er ist auch für dich da, wenn deine Bestimmung in die Krise gerät, du dir unsicher bist, ob das, was du für deine Bestimmung gehalten hast, echt war, und ob es in der Art und Weise, wie du lebst, noch zum Ausdruck kommt. Gewinnt er den Eindruck, dass du dich von deiner Bestimmung entfernst, kann es seine Aufgabe sein, dich an deine Berufung zu erinnern. Er ist der Freund, der dich an deine

Lebensmelodie erinnert, wenn du dabei bist, dich von ihr zu entfernen. Oder er macht dir Mut, deinem Lebenstraum, deiner großen Sehnsucht wieder mehr Beachtung zu schenken. Er kann mit dir hinschauen, wo deine Berufung fortgeschrieben werden kann und muss, damit sie weiterhin Ausdruck deiner tiefsten Sehnsucht, deines Lebenstraumes bleibt, darin weiterhin dein Herzblut und deine Leidenschaft leben.

Der Theologe Romano Guardini (1995, S. 20) sagte einmal, jedem Menschen werde ein Wort mitgegeben, das in sein Wesen hineingesprochen werde. Es ist wie das Passwort zu allem, was dann geschieht: »Es ist Kraft und Schwäche zugleich. Es ist Auftrag und Verheißung. Es ist Schutz und Gefährdung. Alles, was dann im Gange der Jahre geschieht, ist Auswirkung dieses Wortes, ist Erläuterung und Erfüllung. Und es kommt alles darauf an, dass der, dem es zugesprochen wird – jeder Mensch, denn jedem wird eins zugesprochen –, es versteht und mit ihm in Einvernehmen kommt.«

Dieses dir von Gott mitgegebene Passwort zu verstehen und entsprechend zu leben, ist nichts Statisches. Es ist vielmehr ein »Lebensprojekt«. Ja, statisches Denken wäre der Tod deiner wahren Berufung und Bestimmung. Wenn du nicht bereit oder unfähig bist, flexibel und dynamisch auf deine Bestimmung und Berufung einzugehen, läufst du Gefahr, zu resignieren. Das kann so weit gehen, dass du dich von deiner eigentlichen Berufung abwendest.

In der Seelenfreundin hast du eine Begleiterin, die dich ermutigt, diese Dynamik auszuhalten und für deine Bestimmung fruchtbar zu machen. Dazu bedarf es der ständigen Herausforderung und Bestärkung durch die

Seelenfreundin. Wenn du glaubst, ein für allemal »fertig« zu sein, gibst du dem Heiligen Geist nur wenige Chancen, dein Leben, deine Bestimmung und Berufung zu beeinflussen. Dein Seelenfreund wird nicht müde werden, dich zu ermutigen, die Spannung auszuhalten und zu durchleben. Weiß er doch, dass die Gnade sich in der Spannung vollzieht und nicht im »fertig« sein.

Entdecke deinen Mythos

In einem Traum, in dem ich jedem ein Buch schenke, der eines von mir haben möchte, sagt ein Freund zu mir, ich sei doch verrückt, jedem eines zu geben. Er selbst habe von seinem Buch nur sechs Freiexemplare bekommen. Unabhängig vom Trauminhalt ist für mich von Bedeutung, was ich in diesem Traum spüre. Ich schreibe dazu – es ist vier Uhr morgens – in mein Traumtagebuch:

Ich spüre Güte und Zuversicht in mir. Güte – auch meinem Freund gegenüber. Großherzigkeit. Dieses Wort ist mir in den vergangenen Tagen des Öfteren in den Sinn gekommen. Dann ist da so ein Gefühl, einfach darauf loszugehen. Im Vertrauen, dass es gut wird. Mir fällt eine Aussage Roberto Assagiolis ein, die ich später nachlese: »Ein harmonisches inneres Aufwachen ist gekennzeichnet durch ein Gefühl von Freude und geistiger Erleuchtung, mit der eine Einsicht in die Bedeutung und das Ziel von Leben einhergeht; sie zerstreut viele Zweifel, bietet die Lösung vieler Probleme an und schenkt eine innere Quelle von Sicherheit. Zur gleichen Zeit steigt eine Wahrnehmung von Leben auf, was Leben ist, und ein Ausbrechen von Liebe fließt aus der erwachenden Person gegenüber den Mitmenschen und der ganzen Schöpfung. Die vorherige Person, mit ihren klaren Konturen und ihren unangenehmen Charakterzügen, scheint sich in den Hintergrund zurückgezogen zu haben, und eine neue, liebevolle und liebenswerte Person lächelt uns und die ganze Welt an, begierig, freundlich zu sein, zu dienen und ihren neuen erworbenen spirituellen Reichtum mitzuteilen, den Überfluss, der für sie fast zu viel enthält« (Moody 1998, S. 217).

Ich erhalte eine Anmutung der Person, die ich (bin und) sein möchte. Ja, ich will die »gütige Person« sein. Das ist mein »Mythos«, ein Wort, das C.G. Jung benutzt, um unsere – je eigene – Bestimmung zu kennzeichnen. Da spüre ich meine Seele. Wenn ich im Leben diese Person bin, drückt sich darin meine Seele aus. Da zeigt sich mein Kern, der mit den Jahren in den Hintergrund gerückt ist. Ich erinnere mich an ein Bild von mir aus meiner Kindergartenzeit. Da schaut mich ein gütig dreinblickendes Kind an. Diesen Kern will ich wieder aufleuchten und durchscheinen lassen. Er soll mich leiten und bestimmen. Er soll durch mich hindurchscheinen – als Güte. In diesem Augenblick fällt mir ein, wann ich dem Wort Güte das letzte Mal begegnet bin: vor einigen Tagen in Psalm 32,10. Da heißt es: »Wer aber auf den Herrn hofft, den wird die Güte umfangen.« Von diesen Worten gehen Kraft und Zuversicht aus. Ich muss nur auf Gott hoffen, dann kehrt Güte ein. Güte, gütig sein – das ist mein Passwort, das ist ein entscheidender Ausdruck meiner Seele.

Am Morgen nach diesem Traum schlage ich meine Bibel auf und bete Psalm 36. Da heißt es – zunächst kann ich es gar nicht glauben: »Herr, deine Güte reicht, so weit der

Himmel ist, deine Treue, so weit die Wolken ziehn« (36,6). Weiter ist zu lesen:»Denn bei dir ist die Quelle des Lebens, in deinem Licht schauen wir das Licht« (36,10). In Gottes Licht, angestrahlt von ihm, sehe ich meinen Kern, meine Seele. Mein Kern strahlt durch die Güte. Entzündet von Gott.

Der Seelenfreund in Zeiten der Krise

11

Dein Seelenfreund als Beistand in seelischen Krisen

Wenn du dich in einer seelischen Krise befindest, kann es sein, dass sich in dieser Krise deine Seele meldet. Sie ist nicht zufrieden mit dem, wie du lebst, wie sich dein Leben entwickelt. Sie begehrt auf. Vielleicht wirst du depressiv oder fühlst dich von Angst bedrängt. Dein Leben erscheint dir als sinnlos. Es sind Situationen, in denen du mehr als sonst mit deiner Seele in Berührung kommst, sie sich in ihrer ganzen Wirkmächtigkeit zeigt.

Zeigt sich deine Seele in einer Depression oder Verzweiflung, so kann es sein, dass du zunächst versuchst, sie zu besänftigen. Bis du feststellen musst, dass dir das nicht oder nur zum Teil gelingt. Deine Seele ist außer Rand und Band. Sie ist nicht mehr zu bremsen. Ihren Weg muss und wird sie gehen, sie wird sich durchsetzen. Sie will und wird sich die Dinge so richten, wie es für sie stimmt. Es bleibt dir nichts anderes übrig, als sie walten zu lassen, ihr die Führung zu überlassen. Im Vertrauen, dass sie dich weiterbringen will und wird. In einer solchen Situation nicht zu verzagen und diese Turbulenzen aushalten zu können, verlangt viel, manchmal auch zu viel von dir.

Das sind die Zeiten, in denen du dich in besonderer Weise nach einem Seelenfreund sehnst und ihn auch brauchst. Einen Menschen, dem du dich anvertrauen kannst, der dich durch diese Zeit begleitet, ein Stück des Weges mit dir geht. Jetzt, da alles um dich herum dunkel ist, der Blick nach vorne nur noch Trübsal verheißt und du Mühe hast, dein Leben zu bejahen – welch eine Gnade, wenn es da einen Menschen gibt, zu dem du einfach gehen kannst, der einfach für dich da ist. Ich durfte das oft in meinem Leben als Gnade erfahren. Als ein Geschenk, das ich gerade in solchen Situationen als unendlich kostbar empfunden habe.

Ein solcher Seelenfreund kann der Ehepartner oder eine Freundin sein. Hilfreiche Begleiter in einer solchen Situation können für dich ein Buch, Gebete, Gott sein. In besonders schwierigen Phasen, in Lebenskrisen können professionelle Helfer und Helferinnen, unter ihnen Seelsorger, Therapeutinnen und Psychiater, zu Seelenfreunden für dich werden. Sie müssen und sollen dabei ihren speziellen beruflichen Hintergrund nicht außen vor lassen. Dieser ist gerade in solch schwierigen Lebenssituationen unbedingt wichtig. Zugleich können sie aber *auch* deine Seelenfreunde und Seelenfreundinnen sein. Dann sind ihre Antennen so ausgerichtet, dass sie die Regungen deiner Seele empfangen. Die Fühler ihrer Seele tasten sich zu deiner Seele vor, bis sie dort angekommen sind und sie berühren.

Vor über 25 Jahren besuchte ich den Begründer der Gesprächspsychotherapie, Carl Rogers, in seinem Haus in La Jolla in Südkalifornien. Er erzählte mir, dass es in therapeutischen Begegnungen Momente gebe, in denen er das Gefühl habe, als streckte seine Seele ihre Fühler aus und berührte die Fühler der anderen Person. Die Beziehung würde dadurch zu etwas Größerem, erhalte eine gleichsam spirituelle

Dimension, von der eine heilende Wirkung ausgehe. Ich denke gerne an diese Begegnung mit Carl Rogers zurück, viele Einzelheiten haben sich noch lebhaft in meiner Erinnerung erhalten. Auch deshalb, weil in unserem knapp zweistündigen Gespräch etwas von dieser Qualität einer innigen Begegnung zu spüren war.

Ähnlich erging es mir, als ich – wohl so um die 25 Jahre war ich alt – den damals hochgeschätzten, fast 90-jährigen Psychiater Victor von Gebsattel traf, der noch Rainer Maria Rilke gekannt hatte. Damals war einer meiner Bekannten seit einigen Tagen verschwunden und es war zu befürchten, dass er sich das Leben genommen hatte. Ich wusste, dass mein Bekannter ein- oder zweimal selbst bei Victor von Gebsattel gewesen war, fasste daher allen Mut zusammen und fragte ihn, ob er etwas von meinem Bekannten gehört habe. Er hatte nichts von ihm gehört. Doch während ich mit Victor von Gebsattel sprach, hielt er meine Hand in seiner Hand, vielleicht eine oder zwei Minuten, und schaute mir dabei freundlich in die Augen. Er muss in diesem Augenblick gespürt haben, wie sehr ich in Not war, in meiner Sorge um meinen Bekannten, und schenkte mir Nähe – Herzensnähe, die ich sosehr brauchte. Diese Begegnung zählt mit zu den schönsten und tiefsten Begegnungen meines Lebens.

Auch in den üblichen Handreichungen und Angeboten professioneller Helfer kann Seelenfreundschaft zum Ausdruck kommen. Da ist die Ärztin, die dir zuhört und deine Situation mithilfe von Tabletten erleichtert. Da ist die Psychotherapeutin, die dich in deiner Verzweiflung aushält, dir empathisch zuhört und ein Wort der Ermutigung mitgibt. Vielleicht gibt dir deine Physiotherapeutin eine wohltuende Massage und vermittelt dir durch ihre Berührung Bestärkung und Sympathie. Vielleicht ist es auch die Seelsorgerin, die ganz präsent ist, während du zu ihr sprichst. Im Bewusstsein, dass da ein Dritter anwesend ist und sie das unterstreicht, indem sie mit dir am Ende eures Gespräches ein *Vaterunser* betet und dich umarmt.

Manchmal – ich durfte das in solchen Situationen schon wiederholt erleben – begegnen dir Menschen, die dir etwas Liebes sagen, so, als wüssten oder spürten sie, dass du dich in einer seelischen Notlage befindest. Als wären sie Engel, die Gott dir geschickt hat, um dir Mut zu machen, nicht zu verzagen. Solche Engel sind wahre Seelenfreundinnen.

Der Seelenfreund und die Erfahrung der dunklen Nacht der Seele

Eine seelische Krise, die dich in deine Tiefe führen will, ist die Erfahrung der dunklen Nacht der Seele. Diese Krise ist letztlich ein Geschenk. Sie will deine Liebe zu Gott und den Mitmenschen vertiefen. Sie will dich zur Liebhaberin Gottes und der Menschen machen. Sie kann auch entscheidend dazu beitragen, dass du zum wahren Seelenfreund, zur wahren Seelenfreundin für andere werden kannst.

Die Erfahrung der dunklen Nacht löst dich von Bindungen, die dich unfrei gemacht haben, sie sprengt Ketten, die dich in Abhängigkeit von Anerkennung, Sex, Alkohol, ungesunder Spiritualität gehalten haben. Sie führt dich in eine neue Hoffnung, in neue Erfahrungen und neue Visionen. Dein Leben wird weiter, es fließt wieder, wird spannender. Du gelangst dadurch in einen anderen Bewusstseinszustand.

Vom einfachen zum erleuchteten Bewusstseinszustand

Im *einfachen* Bewusstseinszustand lebst du einfach im Jetzt als unschuldiges, unbeschwertes Kind, ohne dich von dem, was außerhalb von dir geschieht, beeindrucken zu lassen. Du lebst wie im Paradies. Der *komplexe* Bewusstseinszustand macht dich zum gebildeten Menschen, der Dinge differenziert beurteilen kann und zu höchsten wissenschaftlichen Erkenntnissen fähig ist. Den Garten Eden hast du hinter dir gelassen. Im *erleuchteten* Bewusstseinszustand erweiterst du dein Bewusstsein um die Dimension der Offenheit für das Transzendente, eine höhere Macht – Gott.

Hast du den komplexen Bewusstseinszustand erreicht, kannst du dich nicht einfach in den einfachen Bewusstseinszustand zurückgleiten lassen. Der Zugang zum Paradies bleibt dir verschlossen. Du hast deine Unschuld verloren. Aber es bleibt dir der Weg nach vorne, der dich herausführt aus der Enge des komplexen Bewusstseinszustandes. Diese Enge – das lateinische Wort dafür ist »angustiae«, was mit »Angst« übersetzt werden kann – ist der Grund vieler Sorgen, die du dir machst, und der Angst, die du in deinem Alltag erlebst.

Du erreichst den erleuchteten Bewusstseinszustand, wenn du dich nicht länger – wie im einfachen Bewusstseinszustand – von deinen Instinkten und – wie im komplexen Bewussteinszustand – nicht länger von deinem Ego bestimmen lässt. Das geschieht in und durch die Erfahrung der dunklen Nacht, in der deine psychischen Energien deinem Selbst, dem höheren Bewusstsein, der Erleuchtung, dem *Satori* (der Zen-Begriff für Erleuchtung), Gott unterstellt werden. Auf dem Weg dorthin erfährst du Hoffnungslosigkeit, Angst und Einsamkeit. Bis du schließlich in ein neues Paradies gelangst, das himmlische Jerusalem, und du den Himmel in dir erfahren darfst (vgl. Johnson 1991, S. 3ff.).

Sehr schön wird das in der folgenden Zen-Weisheit zum Ausdruck gebracht: »Als ich jung und frei war, waren die Berge Berge, der Fluss war der Fluss, der Himmel war der Himmel. Dann verlor ich meinen Weg, und die Berge waren nicht länger Berge, der Fluss nicht länger der Fluss, der Himmel nicht länger der Himmel. Dann erreichte ich Satori, und die Berge waren wieder die Berge, der Fluss wieder der Fluss, der Himmel wieder der Himmel.«

Diese Erfahrung kann sich über sieben Wochen, sieben Monate, sieben Jahre oder sogar 21 Jahre hinziehen – je nachdem, wann du erwachst. Wenn die dunkle Nacht sich dem Ende nähert, erwachst du eines Morgens mit einem ganz besonderen Gefühl der Freude. Licht und Hoffnung machen sich breit: Es ist der Beginn des erleuchteten Bewusstseinszustandes. Jetzt kannst du deine Energien von dort her beziehen.

Ein Reporter klagt Mutter Teresa gegenüber: »Ist es nicht schrecklich, Schwester, zehntausend Flüchtlinge strömen jeden Tag aus dem belagerten Bangladesch nach Kalkutta und es gibt kein Essen und keine Wohnung für sie.« Darauf antwortet sie: »Nein, es ist wunderbar. Schauen Sie, er hat gerade Nahrung zu sich genommen.« Dabei zeigt sie auf den total abgemagerten Jungen, den sie auf ihrem Arm hält und der gerade einen Löffel Reisbrei zu sich genommen hat. Eine wahre Heilige, die eine Form erleuchteten Bewusstseinszustandes an den Tag legte, kommentiert Robert A. Johnson diese Begebenheit. Mutter Teresa vermochte in

diesem unscheinbaren Vorgang ein Wunder zu sehen. Für sie
gingen davon Hoffnung und Sinn zu leben aus, während
sich der Reporter – sicherlich ein Mann des komplexen Be-
wusstseinszustandes – verloren fühlte im Terror der Sinnlo-
sigkeit der ihm umgebenden Situation.

Es gibt wohl kaum eine Zeit, in der ein Seelenfreund für
dich so wichtig und segensreich sein kann wie in dieser
Phase deines Lebens. Deine Seelenfreundin macht dir Mut,
dich auf die dunkle Nacht einzulassen, den Durchbruch
von deiner Oberfläche in die Tiefe zu wagen. Sie weiß,
dass dir dieser Weg nicht erspart bleiben kann, wenn du
ganz werden, dein Leben, deine Einstellungen zum Leben
und deine Visionen vom Leben erweitern und vertiefen
willst. Sie hält es bei dir aus, wenn du zögerst, sie hat Ge-
duld mit dir, wenn du noch etwas Zeit brauchst. Sie gibt
aber nicht nach, dich zu motivieren und zu ermuntern,
den Weg in deine Tiefe zu wagen.

Wenn es dann so weit ist, du bereit bist, dich auf die
dunkle Nacht einzulassen, steht dir deine Seelenfreundin
zur Seite. Sie ist da, wenn alles in dir und um dich herum
dunkel ist, wenn du hilflos und verzweifelt bist. Sie stützt
dich und vor allem ist sie für dich da. Auch dann, wenn
du fällst. Zugleich weiß sie, dass sie nicht für dich springen kann. Das musst du tun. Deine Seelenfreundin mag
dich ermutigt haben, zu springen. Doch weder springt sie
mit dir noch hält sie dich auf. Weil sie deine Seelenfreundin ist und du den Weg, der am Ende von dir verlangt zu
springen, ohne Sicherheitsgarantie, selbst und alleine gehen musst. Wenn du springst und fällst, wird es nicht
deine Seelenfreundin sein, die dich auffängt. Es ist Gott,
dem du jetzt, da keine Sicherheitsvorkehrungen mehr

zwischen ihm und dir stehen, in deiner Tiefe begegnest.
Du lässt dich einfach fallen, im Vertrauen, von ihm aufge-
fangen zu werden.

In der Erfahrung der dunklen Nacht der Seele, wenn
du in das Dunkle eintrittst, begegnest du dem bisher Unbe-
kannten, Verdeckten. Du trittst ein in einen Bereich in dir
selbst, der dir obskur, dunkel erschien, der dir bis jetzt verborgen blieb. Du tauchst dabei auf eine bisher nicht ge-
kannte Weise ein in Gott, der für dich bisher nur verzerrt,
obskur wahrnehmbar war. Du tauchst ein in das Geheimnis,
das er selbst ist, begegnest dir und ihm in der Erfahrung des
Geheimnisvollen selbst, in deinem Allerheiligsten, dem Ort
deines tiefsten Geheimnisses.

*Als ich mich endlich dazu entschließen konnte, mich auf
die Erfahrung der dunklen Nacht einzulassen und sie anzunehmen, war Pierre Stutz mein Seelenfreund, den ich in
seinem offenen Kloster »Abbaye de Fontaine-André« bei
Neuchâtel, in dem er damals lebte, besuchte. Ich verbrachte
dort drei Wochen in der kleinen Gemeinschaft, nahm an den
Gebets- und Gottesdienstzeiten teil und führte jeden zweiten Tag Gespräche mit Pierre. Um in das Gesprächszimmer
zu gelangen, musste ich immer in die Tiefe oder zum Grund
des Hauses gehen, da das Beratungszimmer im Basement
eingerichtet worden war. Ich vollzog also äußerlich, was zur
gleichen Zeit auch innerlich geschah. Ich ging zu Grunde
– im wahrsten Sinne des Wortes. Ich musste zu Grunde
gehen, musste mich von dem verabschieden, was mich bisher
getragen hatte, mich aber nicht mehr zu tragen vermochte,
um zu meinem eigentlichen Grund zu gelangen. Bis ich
schließlich zunächst zitternd und unsicher, dann aber immer
fester und vertrauensvoller sprechen, ja, beten konnte:*

Du Gott
Bist der Grund meiner Hoffnung
Du lebst als tiefes Geheimnis in mir

Kommen auch Tage des Zweifels
Der Ungewissheit
Wo vieles wie eine große Lebenslüge erscheint
So versuche ich vertrauensvoll zu Grunde zu gehen

Weil Du
Mich durch diese Verunsicherung
Zur Quelle des Lebens führen wirst
Damit in mir auch Schwäche und Ohnmacht leben darf

So wird mir nichts mehr fehlen
Und ich finde neue Geborgenheit in Dir

Pierre Stutz (1996, S. 35; nach Psalm 25,1)

Der Seelenfreund als Begleiter in dem, was dich unbedingt angeht

12

Deine Seele ist zuständig für das, was dich letztendlich angeht

Es ist ein typisches Kennzeichen von Seelenfreundschaft, dass sie vor allem davon beseelt ist, dir ihren Freundschaftsdienst dort zu leisten, wo es um das geht, was wesentlich ist. Sie konzentriert sich auf deine Seele, der das vornehmliche Interesse und die erste Sorge gelten. Das kann aber natürlich nicht losgelöst von deiner restlichen Person gesehen werden. Sehr schön wird das in dieser chassidischen Geschichte deutlich:

> »*Wenn ein Mensch zu mir kommt und mich bittet, um seine Bedürfnisse in dieser Welt für ihn zu beten, der eine wegen einer Pachtung, der andere wegen eines Ladens, in jenem Augenblick kommt die Seele dieses Menschen zu mir wegen der Erlösung in der oberen Welt. Mir aber obliegt es, beiden zu antworten in einer einzigen Antwort.*«

Deine Seele ist zuständig für das, was dich letztendlich angeht. Dazu zählen der rechte Umgang mit existenzieller Freiheit und deiner Bestimmung, Grenzerfahrungen in deinem Leben, existenzielle Angst und existenzielles

Alleinsein, die Auseinandersetzung mit deiner Endlichkeit, deinem Sterben und Tod. In deinem Seelenfreund hast du einen Menschen, der dir bei diesen existenziellen Fragen und Herausforderungen ein notwendiger und unschätzbar wichtiger Begleiter ist. Das kann eine Person sein, es können aber auch verschiedene Personen sein, die in den unterschiedlichen Situationen mit dir ein Stück des Weges gehen, Menschen, die du bewusst aufsuchst oder die dir einfach begegnen, als Geschenk des Himmels.

Der Seelenfreund im Alleinsein

Wenn du dich einsam fühlst und glaubst, dein Alleinsein nicht länger ertragen zu können, so macht dir dein Seelenfreund Mut, es auszuhalten. Denn Alleinsein ermöglicht es dir – wenn du dich darauf einlässt –, mit deinem Innersten, deiner Seele, deinem tieferen Selbst in Berührung zu kommen. Es ist jener Ort in dir, der der Zeit und dem Raum enthoben ist. Es ist der Ort der Ewigkeit, den Gott in dich eingehaucht hat.

Dorthin will dich der Seelenfreund führen. Er will dich dazu einladen. Er will dir dabei helfen, diesen »Raum« in dir zu entdecken, nicht nachzulassen, darauf zu vertrauen, ihn kennenzulernen. Vor allem wenn du müde wirst und meinst, dein Alleinsein nicht länger aushalten zu können.

Der Seelenfreund weiß, dass er den Prozess nicht behindern darf, der dich im Aushalten deines Alleinseins mit deiner eigenen Tiefe in Kontakt bringt und dich deine innere Schönheit entdecken lässt. Das könnte geschehen, wenn du dich innerlich zu sehr an ihn bindest und dadurch der Erfahrung des Alleinseins aus dem Weg gehst. Er wird mit dir zusammen den richtigen Zeitpunkt finden, ab dem du die nächsten Schritte alleine gehen kannst, um im Zulassen und Aushalten deines Alleinseins mehr und mehr zu einer größeren Freiheit zu finden.

Lebensgefühl Angst

Die Angst vor dem Tod, die Angst vor dem falschen Gebrauch der eigenen Freiheit, die Angst vor Heimatverlust in einer mobilen Gesellschaft, die Angst vor dem ungelebten Leben und die Angst, in einer Welt ohne Gott zu sein. Hinter all diesen Ängsten lauert eine existenzielle Grundangst. Kennst du dieses Lebensgefühl Angst auch bei dir?

Diese Motive für Angst sprechen die grundlegenden, grundsätzlichen und letztendlichen Gegebenheiten an, die uns Menschen existenziell berühren: Tod, Freiheit, Isolation und Ausweglosigkeit. Auf sie stoßen wir unwillkürlich, wenn »wir die alltägliche Welt wegwischen oder ›im Zaum‹ halten können, wenn wir über unsere ›Situation‹ in der Welt tief gehend nachdenken, über unsere Existenz, unsere Grenzen, unsere Möglichkeiten; wenn wir den Grund erreichen, der unter jedem anderen Grund liegt« (Yalom 2005, S. 8f.). Es sind die Gegebenheiten unserer Existenz, die »Tiefenstrukturen«, die »letzten Dinge« die »ultimate concerns«, die uns unbedingt betreffen.

Bestimmte Erfahrungen werden bei dir den Prozess des Nachdenkens auslösen: die Begegnung mit dem Tod, nicht mehr rückgängig zu machende Lebensentscheidungen oder der jähe Zusammenbruch der Welt oder eines Weltbildes, das dir bisher Halt gegeben hat. Dabei spielt die

Angst als eine existenzielle Erfahrung eine wesentliche Rolle. Sie unterspült deine Existenz als ständige Begleiterin. Sie kann dir das Leben zur Hölle machen.

Die Angst kann dich aber auch dazu motivieren, dich gründlich, also von Grund auf, mit diesen letzten Dingen zu befassen, um Antworten auf die sich daraus ergebenden Fragen zu finden. Vor allem aber, um Wege zu finden, Erfahrungsmöglichkeiten zu entdecken, die dir helfen, statt vor den letzten Dingen und der Auseinandersetzung damit davonzulaufen. Deine Angst kann dir helfen, dich ihnen zu stellen, mit ihnen zu ringen, ja, sie für dein Leben fruchtbar zu machen.

Willst du ganz leben?

Willst du ganz leben, dann gibt es keine Alternative zu der Auseinandersetzung mit den letzten, den existenziellen Fragen. Die Auseinandersetzung damit wird dich zu deinem Kern, zu dir selbst führen. Das gilt für jenen, der glaubt, in sexuellen Begegnungen seine existenzielle Isolation überwinden zu können, ebenso wie für jenen, der seine existenzielle Angst umgeht, indem er sich in eine äußere spirituelle Welt flüchtet. Wenn du deinen Kern berührst – also das, was davon übrig bleibt, wenn du alle Schichten von dir abgestreift hast, die du nur anscheinend bist –, dann lebst du *aus deinem Sein*, aus dem heraus, was du wirklich bist. Du existierst wirklich, da du aus deinem Sein heraus lebst. Das lateinische Wort »existere« setzt sich zusammen aus den Worten »ex« und »esse«, was mit »aus dem Sein« übersetzt werden kann. Mein sexuelles wie mein spirituelles Leben bereichern mich. Weder die Sexualität noch die

Spiritualität tritt dann aber an die Stelle deines Seins, zu dem die existenzielle Angst und das existenzielle Alleinsein untrennbar, unauslöschbar gehören. Sie bereichern dich und dein Leben. Dein Leben ist aber mehr als nur deine Sexualität oder Spiritualität.

Auf dem Rückweg vom Einkaufsmarkt begegne ich einer Nachbarin, deren Mann vor wenigen Wochen gestorben ist. »Wie geht es Ihnen?«, frage ich sie. »Es ist jetzt eigentlich alles viel schwerer«, meint sie. »Bisher hatte ich vieles zu erledigen. Es war alles so ein wenig euphorisch.« »Ja, das ist schwer«, sage ich zu ihr, »da müssen Sie jetzt durch. Aber Sie werden es schaffen!« Ich schaue sie dabei an und drücke ihr ermutigend die Hand. Sie ist nun – wie wohl lange Zeit nicht mehr – auf sich selbst gestellt, zurückgeworfen. Sie spürt ihr existenzielles Alleinsein, das – solange sie mit ihrem Mann lebte – auch ihre Wirklichkeit war. Doch durch seine Anwesenheit konnte sie es nicht so spüren. Ich will sie nicht billig über ihre Situation hinwegtrösten. Ich will ihr Mut machen, sich von dieser, ihrer Wirklichkeit konfrontieren zu lassen, den Schmerz, der damit einhergeht, auszuhalten, um dann irgendwann wieder mehr in Berührung zu kommen mit ihrem Sein, aus ihrem Sein heraus zu leben, wie auch immer das im Einzelnen aussehen mag. Doch zunächst geht es darum, dass sie sich wieder mehr von ihrem existenziellen Alleinsein konfrontieren lässt, um dadurch wieder mehr mit ihrem Kern, ihrem eigentlichen Selbst, in Berührung zu kommen.

Du musst den Weg der Inanna gehen

Wer seinen Kern berühren will, muss den Weg der Inanna gehen. Inanna, die Königin der Oberwelt, beschließt, zum ersten Mal in die dunkle Unterwelt zu reisen. Sie weiß jedoch nicht, dass jeder, der in die Unterwelt geht, sieben Tore passieren muss und vor jedem Tor ein Kleidungsstück ausziehen muss. Jedes Teil, dessen sie sich entledigt, steht für ein Symbol ihrer Macht. Als Inanna schließlich durch das siebte Tor schreitet, hat sie alles ausgezogen. So tritt sie nackt in die unbekannte Dunkelheit ein. Dort stirbt sie und wird neu geboren.

Der Weg der Inanna ist kein leichter Weg. Zwischendurch fühlst du dich leer, öde. Der Glanz, mit dem du dich vorher umgeben, in dem du vielleicht gebadet hast, verblasst. Das, woraus du deine Bedeutung, deinen Wert abgeleitet hast, fällt weg. Das ist brutal, das ist kaum auszuhalten. Jetzt gilt es aber durchzuhalten, nicht aufzugeben, weiterzugehen. Die nächste Schicht abzulegen, die dich davon abhält, du selbst zu sein. Im Vertrauen und letztlich im Wissen, dass du am Ende ankommen wirst. Ankommen bei dir. Du wirst den Schatz in dir entdecken, den du bisher außerhalb von dir suchst. Du wirst entdecken, was immer schon da war. Bisher aber war es zugedeckt mit Kleidern und Schichten, die du dir – aus welchen Gründen auch immer – angelegt hast.

Bist du bei dir angelangt, bist du mit deinem Kern in Berührung, dann bist du in der Lage, von deinem Kern, deinem Sein aus in deinem Alltag zu wirken. In Beziehungen zu treten und zu *sein*, deiner Arbeit nachzugehen und in deiner Arbeit zu *sein*, deine Beziehung zu Gott zu pflegen und in Verbindung mit Gott zu *sein*. Du überdeckst und verdeckst dein Sein nicht länger mit dem, was du anscheinend, nicht aber in Wirklichkeit bist. Du entstellst dein Sein nicht länger mit einer Scheinwelt, die dich weggeführt hat von deinem wahren Sein. Du magst den gleichen Beruf ausüben wie vorher, in den gleichen Beziehungen und Bezügen leben wie bisher. Doch jetzt wird dein Sein als die prägende Kraft präsent sein und durchstrahlen.

Aus dem Sein heraus zu leben heißt aus der Essenz heraus zu leben. Das Wort Essenz geht auf das lateinische Wort »esse« zurück, was mit »sein« übersetzt wird. Willst du ganz leben, so kannst du das nur, wenn du aus deiner Essenz heraus lebst. Dazu gibt es keine Alternative. Willst du aus deiner Essenz heraus leben, gilt es, das zu pflegen und zu hegen, was dazu beiträgt, dass du aus deiner Essenz heraus leben kannst, und das zu vermeiden, was dich von deinem Kern wegführt. Es geht darum, dass du das mit allen Fasern deines Seins verstehst und erkennst. Dir wirklich klar ist: Du hast die Möglichkeit, wesentlich zu sein, wesentlich zu leben. Du kannst dich aber auch für das Unwesentliche entscheiden. Es geht dabei nicht darum, irgendetwas abzuwerten oder gar zu moralisieren. Nur: Es liegt an dir, ob du wesentlich lebst. Dabei gilt freilich, dass du nur dann wirklich lebst, ganz lebst, wenn du wegen des Wesentlichen lebst. »Letzten Endes lebt man wegen des Wesentlichen, und wenn man das nicht hat, ist das Leben vertan« (C.G. Jung).

Dein Seelenfreund richtet sein Augenmerk auf das, was dich unbedingt angeht, worum es deiner Seele im Tiefsten geht. Er sorgt aber auch dafür, dass du auf dem Boden der Wirklichkeit bleibst und nie vergisst, dass du immer hinter dem zurückbleibst, was du tun und sein könntest. Abraham Heschel hält dem, was uns unbedingt angeht, die »allerletzte Peinlichkeit« entgegen. Er fürchtet sich vor Menschen, die niemals peinlich berührt sind – ob ihrer Trivialität wegen, ihrer Vorurteile, ihrer Einbildungen, ihrer Entheiligung des Lebens. Der Glaube beginnt für ihn damit, das Gesicht zu verlieren. Er sagt, als religiöser Mensch könne man nie sagen, dass man gut ist. Auch Jesus konfrontiert denjenigen, der ihn »guter Meister« nennt mit den Worten: »Warum nennst du mich gut? Ich bin nicht gut.« Eine solche Einstellung verhindert, dass du dich zu schnell einrichtest, zu schnell genügsam wirst. Sie entbindet eine produktive Kraft in dir.

Dein Seelenfreund wird dich darauf aufmerksam machen, wenn du dabei bist zu glauben, genug für dein Seelenheil getan zu haben. Wenn du Gefahr läufst, allzu zufrieden mit dir zu sein, dich vielleicht sogar für besser oder weiter im Glauben erachtest als andere. Wenn er dich damit nicht erreicht, wird sich deine Seele einschalten, indem sie dir ein Bein stellt, damit du auf die Nase fällst und endlich peinlich berührt bist ob deiner Selbstzufriedenheit. So sagt C.G. Jung (1971, S. 49) über die Seele:

»Beseeltes Leben ist lebendiges Wesen. Seele ist das Lebendige im Menschen, das aus sich selbst Lebende und Lebensverursachende; darum blies Gott dem Adam einen lebendigen Odem ein, damit er lebe. Die Seele verführt die nicht lebenwollende Trägheit des Stoffes mit List und spielerischer Täuschung zum Leben. Sie überzeugt von unglaubwürdigen Dingen, damit das Leben gelebt werde. Sie ist voll von Fallstricken und Fußangeln, damit der Mensch zu Fall komme, die Erde erreiche, sich dort verwickle und daran hängen bleibe, damit das Leben gelebt werde, wie schon Eva im Paradies es nicht lassen konnte, Adam von der Güte des verbotenen Apfels zu überzeugen. Wären die Bewegtheit und das Schillern der Seele nicht, der Mensch würde in seiner größten Leidenschaft, der Trägheit, zum Stillstand kommen.«

Der Seelenfreund im Sterben und Tod

13

»Staub bist du, und zum Staub wirst du zurückkehren«

Zu den Erfahrungen und Herausforderungen, die dich unbedingt angehen, zählen dein Sterben und dein Tod. Die todsichere Tatsache, dass du sterben wirst, dass dich der Tod eines Tages – und das kann schon morgen, ja, jeden Moment passieren – ereilt. Du dann nicht länger sein wirst. Dein Leib, jetzt Leichnam genannt, wird verbrannt oder in einem Sarg der Erde überlassen, um dort zu verwesen, und – wie es im Buch Ijob (24,20) heißt – von den Würmern zerstört zu werden.

Ich wähle bewusst diese krasse Formulierung, um die brutale, mitunter zunächst auch abstoßend wirkende Seite des Todes nicht zu beschönigen. Wir tendieren ja verständlicherweise dazu, die Vorgänge um den Tod durch Rituale, schöne und tröstende Worte und Gedanken für uns erträglicher zu machen. Das ist wichtig und hilfreich, es muss und soll dich aber nicht daran hindern, dich mit der garstigen, der furchtbaren Seite des Todes auseinanderzusetzen.

Deine Endlichkeit und Sterblichkeit, das »Staub bist du, und zum Staub wirst du zurückkehren«, wird dir immer wieder begegnen. Deine Seele wird dich immer wieder darauf hinweisen und darauf stoßen. Du kannst und sollst dir da nichts vormachen. Tust du es dennoch, wird dich deine Seele an deine Endlichkeit, deinen Tod, deine Vergänglichkeit erinnern. Du bist daher gut beraten, dich bewusst dieser Wirklichkeit zu stellen. Dann kannst du dich positiv, heilend, kreativ und auf eine gesunde Weise mit der Tatsache deiner Endlichkeit befassen. Statt durch traurige Gefühle, diffuse Ängste und auffällige Verhaltensweisen, die dir vormachen sollen, ewig jung zu bleiben, auf eine ungesunde Weise auf die Wirklichkeit deiner Endlichkeit zu reagieren.

Stelle deinen Tod und deine Endlichkeit in einen breiteren Kontext

Stellst du dich deiner Endlichkeit und der Tatsache deines Todes, so kannst du diese Wirklichkeit in dein Leben und in die Art und Weise, wie du dein Leben verstehst und leben willst, integrieren. Du kannst dann deine Endlichkeit und deinen Tod in einen breiteren Kontext stellen. *Da* ist der von der Natur vorgegebene Ablauf – dein Leib zerfällt zu Staub; *dort* gibt es zum anderen die gesellschaftlichen Implikationen – es erfolgt zum Beispiel der letzte amtliche Eintrag am Standesamt »verstorben am …«. *Und dann* gibt es da auch die seelische und geistliche Dimension. C.G. Jung spricht hier im Zusammenhang mit dem Tod von dem »geistlichen Ziel, das über den natürlichen Menschen und seine weltliche Existenz hinausweist« (Jacobi 1978, S. 147). Ein natürlicher Zustand wird in einen »kultürlichen« Zustand verwandelt.

Solange du den Tod nicht in dein Leben einbeziehst, bleibt dein Leben unvollständig. Erst im Tod wird ganz, wird vollendet, was vollendet werden muss. Jolande Jacobi (1978, S. 148) schreibt dazu: »Die Natur selbst, wenn wir sie nur richtig verstehen, nimmt uns hier in ihre schützenden Arme. Je älter wir werden, desto mehr verschleiert sich die Außenwelt, die stetig an Farbe, Tun und Lust verliert, und desto stärker ruft und beschäftigt uns die Innenwelt.« Sinnerfüllt und zur Einkehr bereit, schließt sich »der Zyklus des menschlichen Lebens, und Anfang und Ende fallen zusammen, wie das mit dem Bild des Ouroboros, der Schlange, die sich in den eigenen Schwanz beißt, seit undenklichen Zeiten symbolisch ausgedrückt wurde«. Ist diese Aufgabe richtig vollendet, »muss der Tod seinen Schrecken verlieren und sinnvoll in das gesamte Leben einbezogen werden können«.

Dein Seelenfreund hält mit dir den Blick auf den Tod aus

Bei dieser Arbeit, die ja auch eine Seelenarbeit ist, kann dein Seelenfreund Partner und Stütze sein. Er hält mit dir den furchterregenden Blick auf das Ende, den Tod, deine Endlichkeit aus. Er lässt nicht nach, dich zu ermutigen, dich dieser Wirklichkeit zu stellen. Sie lässt dir dabei die Zeit, die du benötigst, bedrängt dich nicht, lässt aber auch nicht ab davon – aus Freundschaft.

Die Seelenfreundin unterstützt damit deine Seele. Diese will, dass du dein Leben in seiner Gesamtheit siehst, dein Tod nicht weniger wichtig ist als deine Geburt. Wie deine Geburt, so gehört auch dein Tod unzertrennlich zu deinem

Leben. So erweist dir deine Seelenfreundin einen echten Freundschaftsdienst, wenn sie dich ermutigt, deinen Tod als einen normalen, selbstverständlichen Bestandteil deines Lebens zu betrachten, ihn immer mehr zu akzeptieren, bis dahin, dass der Tod selbst dir zum Freund wird:

Der Wald scheint an diesem Morgen
Rot, golden und grün sind die Blätter
Die auf der Erde liegen, oder fallen
Oder voller Licht immer noch in der Luft hängen.
Vollkommen in ihrem Aufstieg und Niedergang, nehmen sie
Den Platz ein, den sie immer schon eingenommen haben.
Schau, wie sicher sie selbst ihn gefunden haben,
Ihre Wurzeln dringen wunderschön durch die Erde.

Schau wie ohne Verwirrung
Alles ist, was es sind, und wie vollkommen
Ihre Schönheit ist. Rennend oder den Weg gehend
Ist das gleiche. Sei ruhig, sei ruhig.
»Er bewegt deine Glieder, und der Weg ist klar.«

Wendell Berry

Dein Seelenfreund begleitet dich bei dem Prozess, der dazu führt, deinen Tod als Teil deines Gesamtlebens anzuerkennen, ihm ins Angesicht zu schauen, sich nicht davor zu drücken und zu fliehen. Sosehr ihm eine spirituelle Abkürzung fremd ist, die der schmerzvollen Auseinandersetzung mit dem Tod und dessen Annahme aus dem Weg geht, hält ihn das aber nicht davon ab, die einem tiefen Glauben entsprungene Überzeugung aufzugreifen, die den Tod nicht als Ende, nicht als Punkt, sondern als Doppelpunkt sieht, nach dem es weitergeht. Er nimmt die Worte Ijobs ernst, der sagen kann: »Doch ich, ich weiß: mein Erlöser lebt, als Letzter erhebt er sich über dem Staub« (Ijob 19,25). Er weiß, dass es ein Wissen gibt, das jenseits allen Wissens tief in uns als Gewissheit lebt.

»In meinem Herzen weiß ich, dass mein Erlöser lebt«

Als König David vom Tod sein Sohnes Abschalom erfuhr, der sein Feind gewesen war, »stieg er in den oberen Raum des Tores hinauf und weinte. Während er hinaufging, rief er (immer wieder): Mein Sohn Abschalom, mein Sohn Abschalom, mein Sohn! Wäre ich doch an deiner Stelle gestorben, Abschalom, mein Sohn, mein Sohn!« (2 Samuel 19,1). Oder ich denke an meine Schwester Maria, die ihren 18-jährigen Sohn durch einen Verkehrsunfall verloren hat. In ihrem Herzen hat sie sicher das Gleiche gesagt, als sie Michael tot vor sich liegen sah. Ich selbst erinnere mich daran, wie mich beim Anblick meiner toten Mutter, als ich sie wenige Stunden nach ihrem Tod im Sterbezimmer des Krankenhauses aufgebahrt vor mir liegen sah, ein tiefer Schmerz durchfuhr und ich laut »Mutti, Mutti« rief. Ich nahm ihr Gesicht in meine Hände, küsste sie innig auf die Stirn und brach in ein lautes Schluchzen und Weinen aus.

Wenn du mit Ijob sagen kannst »Ich weiß in meinem Herzen, dass mein Erlöser lebt«, dann weißt du das auf die gleiche Weise, wie du das »weißt«, was du tief in dir erfährst, wenn einen geliebten Menschen der Tod ereilt. Es ist ein Wissen, das »nicht überprüfbar, nachgewiesen und geklärt werden, nicht gelehrt oder erlernt werden kann«

(Berry 2000, S. 96). Ist es deshalb weniger Wissen, minderwertigeres Wissen? O nein! Es ist ein Wissen anderer Art und doch genau der Art, die der Seele gemäß ist, der es um ein tieferes Erkennen geht, an dem sie mitbeteiligt ist.

Dein Seelenfreund wird dieses Wissen aufgreifen, darauf eingehen und gegebenenfalls darauf hinweisen, wenn er merkt, dass du offen dafür bist. Dann, wenn du mit dem Tod eines dir nahen Menschen konfrontiert wirst, aber auch, wenn du selbst dem Tod ins Angesicht sehen musst, deine Zeit gekommen ist, zu gehen.

Dein Seelenfreund geht die letzte Strecke mit dir

In deiner Seelenfreundin hast du einen Menschen gefunden, der sich nicht davor scheut, mit dir die letzte Strecke deines Lebens zu gehen. Viele Menschen haben in ihren Lebenspartnern einen solchen Seelenfreund. Andere wiederum merken und erfahren erst in solchen Phasen ihres Lebens, wer sie wirklich liebt, wer ihre wahren Freunde, Seelenfreunde sind.

Die Begleitung durch einen Seelenfreund während deiner Auseinandersetzung mit dem Tod oder beim Sterben kann also auf ganz unterschiedliche Weise geschehen. Das wird auch davon abhängen, wer dein Seelenfreund ist. Ist ein katholischer Priester dein Seelenfreund, so wird er einen großen Reichtum an Wissen, Überzeugungen und Ritualen miteinbringen, über den seine Kirche verfügt. Dazu zählen unter anderem die Spendung des Sakramentes der Krankensalbung, das Segnen, die Bitte um Trost durch die Anrufung Marias und der Heiligen. Die Krankenhausseelsorgerin, ausgebildet in der Gesprächsseelsorge, kann durch geduldiges und liebevolles Zuhören deine Seele entlasten. Sie kann vorsichtig, in Berührung mit den Regungen deiner Seele, deine Ängste, Sorgen und Fragestellungen, die mit den letzten Dingen wie Endlichkeit, Sterben, Tod und ein Leben danach zu tun haben, aufgreifen und weiterführen. Sie kann in der Art und Weise, wie sie das tut, signalisieren: »Ich bin bereit, über die letzten Dinge zu sprechen.« Sie kann – wenn sie spürt, dass der Boden dazu bereitet ist, von Gott sprechen und – wenn es stimmt – mit dir gemeinsam beten.

Während ich diese Zeilen an dich schreibe, erreicht mich der Brief eines guten Bekannten, der vor einigen Monaten überraschend mit der Nachricht konfrontiert wurde, an Knochenkrebs zu leiden. Seitdem muss er sich darauf einstellen, dass seine Zeit möglicherweise sehr bald an ihr Ende gelangen kann. Er schreibt:

> »Der ewige Gott, dem keine Zeit abläuft, ist eingetreten in unsere menschliche Daseinsweise, ist eingetreten in unsere Sterblichkeit, in unsere begrenzte Zeit mit ihrem Wachsen und Reifen, aber auch mit ihren Abbrüchen. Ihm sei die Ehre. Wir wissen ja, dass wir nicht ins Nichts hineinlaufen, sondern in die ausgebreiteten Arme unseres Herrn, der uns erwartet. Ich hoffe und bete, dass diese ruhige Getragenheit mir auch erhalten bleibt, wenn dann die wirklich elenden Tage kommen.«

Findest du in einer Psychotherapeutin, die sich mit existenzieller Psychotherapie befasst hat, eine Seelenfreundin, wird sie deinen Fragen über Endlichkeit, Tod und Todesangst nicht ausweichen, sondern sie und damit dich ernst nehmen. Sie spürt daran, dass du dein Leben ernst nimmst, hinschaust, was es von dir fordert, was es dir zumutet. Sie wird versuchen, mit dir zusammen herauszufinden, wie du einen solch ehrlichen Umgang mit deinem Leben frucht-bar machen kannst für dein Leben und dein Sterben.

Meine Mutter durfte für viele Menschen in dem Alten-heim, in dem sie arbeitete, eine solche Seelenfreundin sein. Sie saß viele Stunden an ihren Betten, hielt ihnen die Hand, sprach beruhigend auf sie ein. Leise sang sie Marienlieder oder betete den Rosenkranz. Eine Studentin, die ich ausge-bildet habe, erzählte mir, dass sie in den letzten Stunden ihres kranken Onkels, eines bekannten Religionsphiloso-phen, dessen Seelenfreundin sein konnte, indem sie ihm alte Kirchenlieder vorsang und einfache, bekannte Gebete sprach. Ein Freund, dessen Großvater ein enger Vertrauter Herbert Wehners war, berichtete, dass dieser seiner sterbenden Frau Kirchenlieder auf der Mundharmonika vorspielte. Auch das ist Seelenfreundschaft.

Zum Schluss

Ich bin am Ende meines Briefes an dich angelangt. Er ist länger geworden, als geplant. Du spürst daran, wie wichtig es für mich war, dir von der Seelenfreundschaft zu erzählen, wie sehr darin meine eigene Sehnsucht nach Seelenfreundschaft zum Ausdruck kommt. Ich hoffe, es ist mir gelungen, dich mit deiner Sehnsucht nach Seelenfreundschaft in Berührung gebracht zu haben. Vielleicht kannst du die eine oder andere Beziehung, die du hast, jetzt unter dem Aspekt Seelenfreundschaft sehen und weißt sie neu zu würdigen.

Vor allem aber wollte ich dir mit meinem Brief Mut machen, deiner Sehnsucht nach Seelenfreundschaften nachzukommen, offen zu sein und vielleicht sensibler dafür zu werden, wo die Gelegenheit für Seelenfreundschaften sich anbietet. Was du dazu beitragen kannst, ist, bereit und offen dafür zu sein, aus dieser Haltung heraus auch den Mut zu haben, erste Schritte zu tun, die dich einer Seelenfreundschaft näherbringen können. Ansonsten ist und bleibt eine Seelenfreundschaft ein Geschenk. Hier gilt es, dass du bereit bist, dir ein solches Geschenk machen zu lassen und glaubst, dass du es Wert bist, ein solches Geschenk zu erhalten.

Manches von dem, was ich über die Seelenfreundin, über den Seelenfreund geschrieben habe, mag dir als ideal, als zu schön, um wahr zu sein, erscheinen. Die Wirklichkeit, so magst du mir entgegenhalten, sieht doch ganz anders aus. Auch ich kenne diese Wirklichkeit, in der ein

Seelenfreund anscheinend keinen Platz hat, in der man vergeblich nach einem Menschen sucht, der einen versteht, in der man sich verlassen und verloren vorkommt.

Doch es hängt auch von mir und von dir ab, ob das so ist oder nicht. Manchmal muss man bei der Stille solange anklopfen, bis Musik ertönt. Für mich heißt das: Ich darf nicht aufhören, nach dem zu suchen, wonach ich mich im Tiefsten sehne. Nie! Bis zum Schluss nicht. Schon oft durfte ich die Erfahrung machen, dass mein hartnäckiges Verfolgen meiner Ziele am Ende von Erfolg gekrönt wurde.

So gib auch du nicht auf. Lass dich von deiner Sehnsucht antreiben, den Freund und die Freundin deiner Seele zu entdecken. Und wenn du deiner Sehnsucht folgst, sei gewiss, dass du in ihr bereits deiner inneren Seelenfreundin begegnest, die davon beseelt ist, dich auch zu deinen äußeren Seelenfreunden und Seelenfreundinnen zu führen.

Literatur

Wendell Berry: Life is a Miracle. An Essay against Modern Superstition, Washington 2000

Martin Buber: Das dialogische Prinzip, Heidelberg 1985

Sandra Cronk: Dark Night Journey, Wallingford 1993

Ram Dass, Paul Gorman: How Can I Help? Stories and Reflections on Service, New York 2007

Josef Goldbrunner: Seelsorge – eine attraktive Aufgabe: Bausteine zu einer Pastoraltheologie, Würzburg 1990

Romano Guardini: Stationen und Rückblicke – Berichte über mein Leben, Mainz/Paderborn 1995

Richard M. Gula: The Call to Holiness: Embracing a Fully Christian Life, New York 2003

Wil Hernandez: Henry Nouwen. A Spirituality of Imperfection, New York 2006

Jolande Jacobi: Die Psychologie von C.G. Jung. Eine Einführung in das Gesamtwerk, Frankfurt 1978

Robert A. Johnson: Transformation, San Francisco 1991

Carl Gustav Jung: Mensch und Seele. Hrsg. von Jolande Jacobi, Olten 1971

Carl Gustav Jung: Erinnerungen, Träume und Gedanken von C.G. Jung. Aufgezeichnet und herausgegeben von A. Jaffé, Zürich 1997

Guido Kreppold: Jesus – Heiland oder Medizinmann, Regensburg 2000

Kenneth Leech: Soul Friend. The Practice of Christian Spirituality, San Francisco 1977

Harry R. Moody/David Carroll: The Five Stages of the Soul, New York 1998

Thomas Moore: Dark Nights of the Soul, New York 2005

Gerhard L. Müller: Heiligenverehrung, in: Christian Schütz (Hsg.): Praktisches Lexikon der Spiritualität, Freiburg 1988, S.594–597

Henri Nouwen: Our greatest Gift. A Meditation on Dying and Caring, San Francisco 1994

John O'Donohue: Anam Cara. Soulfriend. A Book of Celtic Wisdom, New York 1998

John O'Donohue: Anam Cara. Das Buch der keltischen Weisheit, München 2008

Ronald Rolheiser: Against an Infinite Horizon, New York 2005

Rudolf Schnackenburg: Freundschaft mit Jesus, Freiburg 1995

Matthias Schreiber: Welt aus Schmerz und Stille, in: Der Spiegel 2006, Nr. 35

Pierre Stutz: Du hast mir Raum geschaffen. Psalmengebete, München 1996

Marie-Louise von Franz: C.G. Jung. Leben, Werk & Visionen, Krummwisch 2001

Irvin D. Yalom: Existentielle Psychotherapie, Bergisch Gladbach 2005